Reinhold Ruthe

W0035762

Mimosen
und Dickhäuter

Formen der Partnerschaft

Eine kleine Typologie der Ehe mit vielen
Beispielen aus der Beratungspraxis

BRENDOW VERLAG

CIP-Kurztitelaufnahme der Deutschen Bibliothek

Ruthe, Reinhold:
Mimosen und Dickhäuter: Formen d. Partnerschaft; e. kleine Typologie
d. Ehe mit vielen Beispielen aus d. Beratungspraxis / Reinhold Ruthe.
— Moers: Brendow, 1984
    (Edition C: M; 55)
    ISBN 3-87067-214-5
NE: Edition C / M

Erstveröffentlichung als Herder-Taschenbuch
mit dem Titel „Formen der Partnerschaft" (1979)
ISBN 3 87067 214 5
Edition C — M 55
© 1984 Copyright by Brendow Verlag, D-4130 Moers 1
Umschlaggestaltung: Gerd Pels
Printed in Germany

„Das Offensein gegen die göttliche Agape (Liebe) bedeutet aller-dings etwas sehr Konkretes, nämlich die Möglichkeit, unsere menschliche Liebe an der göttlichen immer wieder zu erneuern. Dieses Verhältnis sei an einem Gleichnis dargestellt: Eine Akku-mulatorenbatterie liefert einen Gleichstrom von 4, 10 oder 100 Volt, je nach der Anzahl der Elemente. Allen Batterien gemeinsam ist aber, daß sie sich nach einiger Zeit erschöpfen und neu geladen wer-den müssen . . . . Je nach unserem Temperament haben wir einen Eros von 4, 10 oder 100 Volt Spannung, der sich aber in jedem Fall nach einiger Zeit erschöpft. Durch Anschluß an die göttliche Agape (Liebe) wird unsere Liebe erneuert, und sie erscheint wiederum als Eros von 4, 10 oder 100 Volt. Unsere menschliche Liebe, sei sie sehr temperamentvoll oder eher zahm, würde sich bald erschöpfen, wenn sie nicht immer wieder durch Gottes Liebe ‚aufgeladen' und erneu-ert würde . . . . Zum Geist der Ehe gehört vor allem die ganze Hin-wendung zu Gott in gemeinsamem Gebet, in gemeinsamem Hor-chen, in gemeinsamer Teilnahme an Gottes Wort und Sakrament. Das gemeinsame Glaubensleben ist das allerstärkste Band in der Ehe, und es muß in ganz besonderer Weise gepflegt werden."

Dr. Theodor Bovet, Begründer der Eheforschung

„In der guten Ehe sieht man nicht nur einander an, sondern man schaut gemeinsam in eine Richtung."

Antoine de Saint-Exupèry

Sechs Ehe-Leitlinien für Christen

1. Die Ehe beinhaltet eine neue Person, ein einheitliches Ganzes, „ein Fleisch", wie die Bibel (Gen 2, 24) schreibt, ein neues Geschöpf. Zwei sind eins geworden, zwei gegensätzliche Persönlichkeiten sind zu einer neuen Person verschmolzen. Leidet einer, leidet der andere mit. Schmerzen und Sorgen des einen sind Sorgen und Schmerzen des anderen.

2. Erst kommt die Ehe, dann kommen die Kinder. Das ist gottgewollt. „Darum wird ein Mann Vater und Mutter *verlassen* und seinem Weibe anhangen, und die beiden werden ein Fleisch." (Gen 2, 24)

3. Du sollst dir kein Bild von deinem Partner machen! Wir sollen uns nach Gen 20, 4 „kein Bildnis noch irgendein Gleichnis machen..." Was für den lebendigen Gott gilt, gilt in abgewandelter Form für den Ehepartner. Liebe heißt: Ich sage ja zu dir wie du bist, nicht, wie du sein solltest.

4. Beide verzichten darauf, sich zu rechtfertigen. „Der Verzicht auf Rechtfertigung ist der erste Schritt zur Heiligung," sagte der Wuppertaler Theologieprofessor Dr. Rainer Röhricht. Wer sich rechtfertigt, klagt sich an. Wer sich rechtfertigt, will keine Verantwortung tragen. Er schiebt die Schuld auf andere.

5. Wir verzichten im ehelichen und zwischenmenschlichen Leben auf Perfektionismus. Perfektionismus ist Sünde, ist Zielverfehlung. Wir überfordern uns und den anderen. „Denn unser Wissen ist Stückwerk...wenn aber kommen wird das Vollkommene, dann wird das Stückwerk aufhören." (1 Kor 13, 10)

6. Selbstverwirklichung am anderen vorbei ist eine Zielverfehlung und damit Sünde. Der Kardinalsatz des Alten und Neuen Testaments heißt: „Liebe deinen Nächsten wie dich selbst." (Lev 18, 18; Mt 22, 38) Der Nächste ist in erster Linie der Ehepartner.

Inhalt

Vorwort

Die Ehe als eine Zwei-Personen-Beziehung ist eine der kleinsten, intimsten und zugleich zerbrechlichsten Gruppenformen. Alle Zweierbeziehungen sind jeweils einmalig. Von Ehetypen zu reden, ist daher riskant. Jeder Mensch ist einzigartig und unverwechselbar. Und die Ehe ist es auch. Jeder Mensch ist ein Original, und jede Ehe ist originell. Und doch gibt es Formen, Konstellationen und Beziehungen, die Ehemustern entsprechen und die den Charakter des Typologischen tragen. Verwandte Eheverbindungen begegnen uns im täglichen Leben. Darum ist die Typisierung ein Kunstgriff, um die Ähnlichkeit von Partnerbeziehungen zu veranschaulichen. Ehekonstellationen haben selbstverständlich nichts Fatalistisches. Sie sind nicht schicksalhaft vorgegeben. Bestimmten Ehe*mustern* liegen bestimmte Ehe*stile* zugrunde. Die individuelle Entwicklung des Menschen hat eine Persönlichkeitsstruktur gefördert, die auf bestimmte Ehekonstellationen anspricht. Die Liebe geht verschlungene Wege. Aber immer offenbart sich in ihr, daß der persönliche Lebensstil, das individuelle Verhaltens- und Denkschema eines Menschen, mit einem anderen korrespondiert. Zwei Menschen suchen und finden sich, zwei Partner brauchen und ergänzen sich, zwei Lebensstile greifen ineinander.

Gehen Eheleute partnerschaftlich miteinander um, stehen Geben und Nehmen, Schenken und Beschenktwerden, Annehmen und Angenommensein, Lieben und Geliebtwerden im Gleichgewicht. Bei den meisten Menschen ist die Partnerschaft dadurch in Frage gestellt, daß Minderwertigkeitsgefühle, Angst und Selbstwertstörungen die Partnerschaft beeinträchtigen.

Starke Partner suchen schwache, Tyrannen ziehen Sklaven an,
Sadisten gesellen sich zu Masochisten,
Dominante wählen Anlehnungsbedürftige,

7

Überlegene finden Unterlegene,
Unselbständige fliegen auf Selbständige,
Angeber leben auf Kosten der Mauerblümchen,
Kopftypen bevorzugen Herztypen,
Introvertierte mögen Extravertierte,
Schweigsame die Gesprächigen.

Die Motive der Anziehung bilden gleichzeitig den Ursprung
der Konflikte. Die Eheleute benutzen Interaktionsmethoden
und Durchsetzungstechniken, die aus ihrer Biographie erwachsen sind und ihre speziellen Wünsche, Absichten und Erwartungen verraten. Je unkooperativer ihre Verhaltensmuster, desto
konfliktträchtiger ihre ehelichen Beziehungen.

Viele Ehekonstellationen spiegeln ein Schlüssel-Schloß-Ver-
hältnis wider. Die Partner passen zusammen. Sie ergänzen sich
wie Topf und Deckel. Diese Ergänzung bedeutet Bereicherung
und Konflikt zugleich. Zwei ergänzungsbedürftige Partner ziehen sich an und schleppen die Probleme wie eine Hypothek mit
in die Ehe.

Das Buch bietet keine umfassende Ehetypologie. Es beschreibt
einige Konstellationen, die uns täglich begegnen, die bekannte
Zweierkonflikte widerspiegeln und typische Partnerprobleme
verdeutlichen. Es werden aber nicht nur die Formen der Partnerschaft analysiert, sondern auch Hilfen für den Ehealltag angeboten. Die Beispiele sind aus der Praxis der Beratungsarbeit gewonnen. Namen, Daten und Umstände wurden entsprechend
verfremdet.

Ehekonstellation und Typologie

Alle *Ehekombinationen* verraten bestimmte psychologische Hintergründe. Jeder Partner bringt seine Lebensstilproblematik mit in die Partnerschaft ein. Aber auch die wechselhafte Anziehung, die paarweise Ergänzung und Verschachtelung entspricht *Mustern,* die den Charakter des Typologischen tragen.

Freud und seine Schüler untersuchten primär die Eltern-Kind-Beziehungen, die *vertikale* Oben-unten-Beziehung und damit die Prägung für das künftige Leben. Alfred *Adler* war der erste Psychologe, der eine andere Dimension ins Gespräch brachte. Er trat bereits 1920 mit Veröffentlichungen hervor, in denen auf die Geschwister und ihre spezielle Position systematisch eingegangen wurde. *Adlers* Hauptaspekt wurden die zwischenmenschlichen Beziehungen und das *Gemeinschaftsgefühl.* Sein Denken und therapeutisches Bemühen zielten auf Partnerschaft, Mitmenschlichkeit und Gleichwertigkeit. Er betonte die horizontale Ebene, er erforschte die Geschwisterbeziehungen.

Die Ehe beginnt im Kinderzimmer

Das glaubt jedenfalls *W. Toman* herausgefunden zu haben. Die Stellung eines Kindes in der Familie bringt oft die Entscheidung über die persönliche Stellungnahme zu allen Mitmenschen und damit auch zum potenziellen Lebenspartner. Erste, mittlere und jüngste Kinder machen je ihre eigene Entwicklung durch. Innerhalb der Familie werden Bündnisse geschlossen, Opposition etabliert. Auf der Suche nach einem eigenen Platz in der Familie und im Leben entwickelt jede Person ihre speziell einmalige Methode, die sozialen Gegebenheiten zu beantworten. Die Konstellation in der Familie prägt nicht einseitig das Kind. Es wird auch nicht automatisch in Rollen gezwängt, für die es keine Verantwortung trägt. Das Kind *entscheidet* sich innerhalb der dynamischen Wechselbeziehung von Eltern und Geschwistern zu seiner Rolle, zu seinen ihm gemäßen Methoden. Es *schafft* sich seinen originellen Lebensstil, benutzt zwischenmenschliche Durchsetzungsmethoden, die später in Partnerschaft und Ehe eine entscheidende Rolle spielen.

Der Lebensstil beeinflußt die spätere Ehekonstellation maßgeblich.

Die Einstellung und Stellungnahme

zum Mann-Sein und Frau-Sein,

zur Anpassung und Nichtanpassung,

zur Hingabe und Selbstbewahrung,

zum Führen und Geführtwerden,

zum Verwöhnen und Verwöhntwerden,

zum Streiten und Nachgeben,

zum Aktivsein oder Passivsein,

zum Klagen und Schweigen,

zum Kooperieren oder Sich-Drücken,

zum Tyrannisieren oder Sich-ausbeuten-Lassen,

zum Flüchten und Standhalten,

zum Versteckspielen oder zum Offensein –

sind Partnerschaftstechniken, die sich der Mensch in der kindlichen Sozialisation zugelegt hat. Die Interaktionen verraten die Wünsche, Absichten und Erwartungen. Unverstanden laufen jetzt Programme ab, die den Charakter des Zwanges tragen, aber in der Tat mit Zwang und mechanistischen Abläufen nichts zu tun haben. Mit den Durchsetzungsmethoden sind *Erwartungen* verbunden, die auf den Partner projiziert werden. Vermutlich sind Erwartungen die stärksten Motivationen im menschlichen Leben.

Ehekonstellationen haben selbstverständlich nichts Fatalistisches. Das Typologische der einzelnen Kombinationen ist eher ein *Hilfsmittel*, um die Ehen in ihrer Ähnlichkeit zu beschreiben. Die Rollenerwartungen der Eltern, die Neigungen der Geschwister, die Dynamik zwischen den einzelnen Familienangehörigen, ihre Enttäuschungen, ihr Neid, ihr Wettbewerb und ihre gegenseitige Zuneigung sind Fakten – unter anderem –, die angehende Ehepartner beeinflussen und ermutigen, ihren persönlichen Lebensstil zu finden. Die Verhaltens- und Reaktionsmuster der Partner werden nicht schicksalhaft mit der bestimmten Geschwisterposition vererbt. Die schöpferische Kraft der Kinder, ihre Kreativität und ihre unbewußten Entscheidungen, die sie treffen, lassen aus dem psychologischen Wechselspiel den Lebensstil erwachsen, der unter Umständen einer der bekannten Typisierungen ähnelt, die wir beschreiben.

Jedes Töpfchen findet sein Deckelchen

So hieß einmal ein Chanson. Die individuelle Entwicklung des Menschen und sein selbst entworfener Lebensstil fördern allerdings typische Persönlichkeitsstrukturen zutage. Da der Mensch sich gern an Vorbilder anlehnt und sich durch Versuch und Irrtum seine Rolle definiert, kommen bestimmte Muster und Typen ans Licht, die sich ähneln und im Lebens- und Liebesalltag gleiche Züge tragen. Die moderne Psychologie hat viele hochtrabende Formulierungen gefunden, um das partnerschaftliche Wechselspiel terminologisch einzufangen. Sie spricht von „Kollusions-Mechanismen" (zwei Partner bleiben zusammen, die sich auf Grund eines uneingestandenen voreinander verheimlichten Zusammenspiels mit einem gleichartigen und unbewältigten Grundkonflikt gefunden haben). Sie spricht vom „Kommunikations-Konzept" (eheliches Verhalten ist wesentlich vom verstärkenden oder dämpfenden Verhalten des Partners bestimmt, wobei verstärkende oder dämpfende Verhaltensweisen in der Lebensstilentwicklung des einzelnen begründet sein können).

Die Beobachtungen von Partnerbeziehungen hat eine Fülle von Persönlichkeitsstrukturen herausdestilliert, die gehäuft vorkommen. Die verschiedensten Forscher haben Typen gekennzeichnet, die wiederum bestimmte Ehekonstellationen etablieren.

Zu ihnen gehören:

	das Aschenputtel,
das Mauerblümchen,	die Pechmarie,
der Feldwebel,	der Märtyrer,
der Boß,	die Prinzessin,
der Charmeur,	der Prinz,
der Eroberer,	der Dulder,
der Napoleon,	der Star,
der Naive bzw. die Naive,	das Heimchen,
der Tyrann,	der Demütige,

der Heilige (die Heilige),	der Prophet,
der Don Juan,	der Pechvogel,
der Clown,	der schlaue Fuchs,
der Grübler,	der Perfektionist,
der Träumer,	der Schauspieler.

Ich habe wahllos die „Typen" aneinandergereiht. Viele berühren oder überschneiden sich. Einige gehen gerne mit anderen zusammen. Einige erkennen wir deutlich im Alltag wieder, andere sind verschwommen und unscharf. Jeder Mensch ist allerdings ein Original und keine Kopie. Keine zwei Menschen gleichen sich. Und doch gibt es Verhaltensweisen, die sehr beliebt sind, die von Kindern gern aufgegriffen und als beliebte Interaktionsmethoden im partnerschaftlichen Umgang eingesetzt werden.

Das perfekte Hand-in-Hand-Spiel

Es liegt auf der Hand, daß *der Boß* beispielsweise bestimmen will, das große Wort führt und am Schalthebel sitzt. Verständlich, daß er einen Partner sucht und braucht, den er bestimmen, der alle Grade des Befehlstons ertragen kann, der geführt und manipuliert werden will, weil das seinen unverstandenen Lebensvorstellungen entspricht.

Auch *Aschenputtel* werden nicht geboren, sie werden erzogen. Schon das Märchen zeigt die typische Geschichte des Mädchens, das plötzlich Stiefschwestern bekommt und in die Rolle des berühmten Aschenputtels rutscht. Aschenputtel, die jeden Dreck wegräumen, sich wie eine *graue Maus* verhalten, gehen eine Partnerschaft ein, in der sie ihre Rolle spielen und ihren Lebensstil realisieren können. Das Unbewußte führt Regie und führt Menschen zusammen, die sich ergänzen und die perfekt Hand in Hand arbeiten.

Was heißt das?

Zwei Menschen brauchen einander, um sich auf ihre Weise zu verständigen. Das kann problemlos und glatt funktionieren. Das kann aber auch heftig, gefährlich und sich gegenseitig verletzend geschehen. Nicht nur das reibungslose Miteinander, das harmonische Zusammenspiel ist perfektes Hand-in-Hand-Arbeiten, sondern auch das Kampfspiel, das „In-die-Wolle-Kriegen".

Eric *Berne*, der Begründer der Transaktionsanalyse, hat dieses Hand-in-Hand-Arbeiten „Spiel" genannt. Seine Definition macht deutlich, daß es in der Tat gefährliche Spiele gibt, die den anderen ruinieren können.

„Es (das Spiel) läßt sich auch beschreiben als eine periodisch wiederkehrende Folge sich häufig wiederholender Transaktionen (zwischenmenschlicher Kontakte)... Die Verwendung des Hauptwortes ‚Spiel‘ darf nicht zu Mißverständnissen führen. Wie schon in der Einleitung angedeutet, impliziert dieser Begriff nicht notwendigerweise ein ‚Vergnügen‘ oder gar ‚Freude‘... Das kann jeder bezeugen, der einmal ein scharfes ‚Poker‘ gespielt oder über einen längeren Zeitraum hin in der Börse spekuliert (‚gespielt‘) hat. Das erbarmungsloseste aller Spiele ist natürlich: ‚Krieg‘."[1]

Die Spiele haben einen *Nutzeffekt*. Das Hand-in-Hand-Spiel dient einem Zweck; Streit, Klagen, Jähzorn, dramatisierte Zwischenfälle, Vorwürfe und entfachte Schuldgefühle fordern Reaktionen heraus. Einer braucht den anderen. Einer benutzt den anderen. Mann und Frau spielen Hand in Hand und finden gewollt oder ungewollt in ihren Verhaltensweisen Befriedigung. Findet der eine im *Leiden* Bestätigung, benutzt der andere vermutlich tyrannische Züge, zu demütigen und zu unterdrücken. Das Hand-in-Hand-Spiel ist gelungen. Zwei Partner haben sich gesucht und gefunden.

Ein kleines Beispiel soll das Hand-in-Hand-Spiel verdeutlichen. Frau Müller, eine resolute Dame von 40 Jahren, ist in der Beratung und stöhnt: „Alles muß ich allein machen. Alles ruht auf mir und meinen Schultern. Mein Mann kümmert sich um nichts. Er überläßt alles mir."

Ich: „Sie haben also den Eindruck, daß Sie für jeden Dreck die Verantwortung tragen?"
Sie: „Für jeden Dreck. Das ist der richtige Ausdruck. Das begann schon in der Ehe. Wenn ich nicht nachgeholfen hätte, wir wären heute noch unverheiratet. Er braucht jemand, der die Verantwortung trägt."
Ich: „Und Sie haben die Verantwortung völlig auf sich genommen?"
Sie: „Was blieb mir denn anderes übrig?"

Ein perfektes Hand-in-Hand-Spiel. Die Frau, ältestes Kind von 4 Geschwistern, hat die Verantwortung von klein auf trainiert. Sie war eine Vizemutti und hat sich ihr Leben lang das Heft nicht aus der Hand nehmen lassen. Ihr Mann war ein Mutter-söhnchen. Zehn Jahre kränklich und bettlägerig, wurde er von allen Seiten verwöhnt. Er streckte die Hand aus, und seine Mutter und Großmutter sprangen um ihn herum. Diese hilfsbedürftige Art übte einen starken Sog auf die spätere Ehefrau Müller aus. Sie tauchte auf, übernahm das Kommando und die Verantwortung. Ist sie wirklich unglücklich in dieser Rolle?

Ich glaube kaum. Sie *benutzt* das Verhaltensmuster Fürsorge, Verantwortung-Tragen, Sich-um-alles-Kümmern, und ihr Mann gibt ihr reichlich Gelegenheit dazu. Wachstum und Reife beider Partner würden ein neues Zusammenspiel ermöglichen. Beide Eheleute müßten ihr Lebenskonzept ändern, sich neu aufeinander einstellen. In der zweiten Beratungsstunde machte ich einen Versuch.

Ich: „Frau Müller, was stört Sie besonders an der Verantwortungslosigkeit Ihres Gatten?"

Sie: (sehr spontan) „Seine kindliche Unbekümmertheit in bezug auf Geld. Er arbeitet nicht schlecht, aber er kann überhaupt nicht wirtschaften. Ich muß alles bedenken und alles einteilen!"

Ich: „Sind Sie einverstanden, daß wir diesen Punkt einer ernsthaften Überprüfung unterziehen, daß Ihr Gatte an dieser Stelle verantwortlicher miteinbezogen und Sie entlastet werden?"

Sie: „Das wäre sehr schön. Da wird aber doch nichts draus. Er wird es nicht wollen. Er kann es nicht. Sie werden es erleben: Mit Händen und Füßen wird er sich wehren."

Ich: „Es ist aber der Punkt, der Sie am stärksten stört, oder?"

Sie: „Geld ist schließlich der Punkt, um den sich alles dreht. Aber glauben Sie mir, er wird es nicht tun! Er wird sich nicht ändern."

Ich: „Sie sind einverstanden, daß wir beim nächsten Dreiergespräch diesen Punkt zum Hauptgesprächsstoff erheben?"

Sie: „Was versprechen Sie sich davon? Es kommt doch nichts dabei heraus."

Ich: „Wenn Sie zutiefst wollen und davon überzeugt sind, daß eine Änderung Ihre Zufriedenheit verbessern würde, warum sollten wir den Beziehungskonflikt nicht ins Auge fassen?"

Sie: „Je tiefer ich darüber nachdenke, lassen wir doch besser alles beim alten. Er hat seine Ruhe, und ich rege mich nicht auf, wenn es nicht klappt."

Frau Müllers Lebensstil „Ich muß alles verantworten, das Heft in der Hand behalten" würde ernsthaft in Frage gestellt, wenn sie sich auf ein Gespräch zu dritt über diesen wichtigen Ehekonflikt eingelassen hätte. Sie *will* Macht ausüben, sie muß herrschen, und der Mann spielt gerne mit. Er wird sich hüten, von sich aus die Initiative zu ergreifen, um das eheliche Zusammenspiel nicht zu gefährden.

Welche familiären Aspekte beeinflussen die Ehetypologie?

Jeder Mensch wird in eine Familie hineingeboren. Vater und Mutter, Großeltern und Geschwister haben Einfluß aufeinander. Ein ungeheuer reich angelegtes Beziehungsgeflecht ruft Reaktionen bei allen Beteiligten hervor. Durch Versuch und Irrtum lernen Kinder, positive und negative, konstruktive und destruktive Verhaltensmuster zu verwenden, die sich später im zwischenmenschlichen Leben hilfreich oder hinderlich auswirken. Wohnverhältnisse und Wohnsitzwechsel, Krankheit und Krankenhausaufenthalte, Trennung und Nähe der Angehörigen spielen eine Rolle. Das Kind bildet sich Urteile, entschließt sich zu bestimmten Durchsetzungstechniken, macht Erfahrungen und interpretiert das Leben aus seinem Gesichtswinkel. Spätere Erfahrungen werden in frühere eingebaut. Alte Einflüsse wirken sich vermutlich intensiver aus als jüngere. Alle Erfahrungen schlagen durch.

Der *Altersabstand* der Geschwister spielt eine Rolle, der Geschlechtsunterschied und die Anerkennung durch die Eltern. Je weniger sich Geschwister altersmäßig voneinander abheben, desto intensiver werden Konflikte ausgetragen. Sie ähneln sich sehr und geraten in Rivalität. Eifersucht tritt auf. Wer bekommt mehr, wer weniger? Wird das jüngere Geschwister nur ein oder zwei Jahre nach dem älteren geboren, erlebt das ältere das jüngere Geschwister als eine Konkurrentin um die Zärtlichkeitsbezeigungen ihrer Eltern, um ihre Aufmerksamkeit und ihre Anteilnahme.

Diese *Aufmerksamkeitserregung* zieht sich wie ein roter Faden später durch alle Partnerbeziehungen hindurch. Älteste, jüngste, mittlere oder einzelne Kinder haben ihre Lebenserfahrung mit Familie und Geschwistern gemacht. Ihre Erfahrungen bestimmen ihren Lebensstil. Sie verhalten sich so, *als ob* sie gezwungen würden, bestimmte Ziele zu verfolgen. Jede Position eines Kindes bringt für die spätere Beziehung zum Partner Vorteile und Nachteile mit sich.

Da ist beispielsweise das *Einzelkind*. Es hat eine bevorzugte Stellung. Von Mutter und Vater erhält es mehr Zuwendung, mehr Zeit und konkrete Vergünstigungen als andere Kinder in einer größeren Geschwisterkonstellation. Das Einzelkind kann allerdings weniger gut mit gleichaltrigen Kindern umgehen. Es ist darauf nicht vorbereitet. Im Kindergarten wird es zunächst Schwierigkeiten haben. Das Teilen fällt ihm schwer. Es steht nicht mehr im Mittelpunkt, wird weniger beachtet und muß sich allein durchboxen. Einzelkinder verstehen es besser, auf Erwachsene einzugehen, auf Lehrer und Vorgesetzte. Sie machen dadurch selbst den Eindruck kleiner Erwachsener. Hervorragend verstehen sie es, Sonderbehandlungen zu erreichen. Geschickt verstehen sie es, Anerkennung zu finden und Beachtung zu ertrotzen. Walter *Toman* schreibt über das Einzelkind:

„Daß Eltern nicht mehr als ein Kind haben, hat übrigens außer medizinischen und wirtschaftlichen nicht selten psychologische Gründe. Konflikte der Eltern miteinander, frühe Personenverluste, die sie erlitten haben, oder andere traumatische Bedingungen scheinen Eltern den Mut zu nehmen, weitere Kinder zu zeugen. Man könnte in diesen Fällen die Einzelkindfamilie bereits als eine milde Form einer gestörten Familie betrachten."[2]

Partnerschaftsfähigkeiten und typische Ehekonstellationen des Einzelkindes beschreibt Walter *Toman* so:

„Die Eltern sollen hier alle Schwierigkeiten aus dem Wege räumen. Sie sollen weiter für sie sorgen. Sogar in die Ehe hinein sollen die Eltern sie schützend begleiten. Wenn sie glaubt, von ihrem Mann oder dessen Familie schlecht behandelt worden zu sein, läuft sie, ein solches Einzelkind, eher als andere Frauen zu den Eltern zurück... Im Umgang mit Freunden und Männern kann sie ihre Verwöhnung und ihre Egozentrizität kaum verbergen. Sie hat mehr Mühe als andere Menschen, sich und ihre Bedürfnisse zugunsten des Partners hintanzustellen. Sie kann herzloser und extravaganter als die meisten Mädchen und Frauen sein, weiß aber vielleicht etwas besser als andere die väterliche Komponente in einem Verehrer aufzuspüren und zu testen, ehe sie sich länger oder auf Dauer bindet."[3]

Aus der Fülle der Einflüsse greife ich einige heraus, die in vielen Untersuchungen, vor allem von Walter *Toman*[4], bestätigt wurden.

Wenn Sigmund *Freud* in erster Linie die Beziehungen der Eltern und Kinder untersucht, war es Alfred *Adler,* der als erster die Geschwisterbeziehung herausstellte. Walter *Toman* hat hier angeknüpft und „Haupttypen der Geschwisterpositionen nach einfachen Regeln der Kombinatorik" definiert. Seine Untersuchungen haben für die Liebes- und Partnerschaftsfähigkeit der späteren Eheleute viele wertvolle Hinweise gebracht.

– Je *älter* die Eltern bei der Geburt des ersten Kindes sind, desto fürsorglicher und verantwortungsfreudiger nehmen sie in der Regel die Kinderaufzucht wahr. Allerdings ist die Gefahr auch größer, daß sie verwöhnen, beschützen, bemuttern und unselbständig machen. Die Partnerschaftsfähigkeit kann dadurch beeinträchtigt werden.

– Jugendliche Delinquenten oder Kriminelle haben in der Regel entweder sehr *junge* Eltern, die sich wenig oder kaum um die Kinder gekümmert haben, oder sehr *alte* Eltern, die sie überbeschützten und verwöhnten. Fehlende seelische Wärme und Verwöhnung können aber delinquentes Verhalten gleicherweise fördern.

– Ist der Vater der Kinder mehr als 10 Jahre älter als seine Frau, hat sich unter den Eheleuten mehr ein Vater-Tochter-Verhältnis ergeben, das wiederum die Identifikation der Kinder im Hinblick auf die Eltern erschwert. Das Modell der elterlichen Ehe wird den Kindern verzerrt dargeboten.

– Ist die Frau erheblich älter als der Mann, fällt ihr mehr eine *Mutterrolle* als die Rolle einer Lebensgefährtin und Partnerin zu. Der Mann hat sich offenbar eine mütterliche Frau gewünscht, und die Kinder werden vermutlich für ihr späteres Leben entsprechende Schlüsse ziehen. Es kann sein, daß sie die Mutter als die dominante und führende Person ehelichen Lebens erkennen und den Vater mehr als Freund und Kameraden.

– *Personenverluste* kommen in vielen Familien vor. In etwa 10% der Familien verliert eine Person im Laufe der Kindheit einen Elternteil. In 8 von 10 Fällen ist es der Vater, in 2 von 10 Fällen die Mutter. In etwa 10% der Fälle verlieren Kinder ein Geschwister. Solche Personenverluste verändern automatisch die familiäre Dynamik. Rivalitäten lösen oder verstärken sich. Ersatzpersonen treten auf, und neue Erfahrungen werden in den persönlichen Lebensstil des Kindes eingebaut.

– Auch *vorübergehende Personenverluste* beeinflussen die Erwartungen und Vorstellungen eines Menschen. Krankheit des Vaters oder der Mutter, Krankenhausaufenthalte für Wochen oder Monate des Kindes steigern Befürchtungen, fördern Mißtrauen und Ängste. Solche einschneidenden Erlebnisse können das Wertgefüge eines Menschen und das zwischenmenschliche Vertrauensverhältnis erschüttern. Alle Personenverluste werden um so durchschlagender erlebt, je kürzer sie zurückliegen und je früher sie im Leben eines jungen Menschen eingetreten sind. Sie werden auch um so schwerwiegender sein, je länger das Kind mit der betreffenden Person zusammengelebt hat.

– Die *Trennung von der Familie* spielt bei Kindern und Jugendlichen für ihr soziales Verhalten eine große Rolle. 90 % aller Jugendlichen der Durchschnittsbevölkerung hatten zum Zeitpunkt der Befragung bei ihren Eltern gewohnt. Neurotische und kriminelle Jugendliche hatten dagegen nur in 30 % der Fälle einen stetigen Familienkontakt. Mutterverluste waren bei neurotischen Kindern dreimal häufiger, bei kriminellen sechsmal häufiger zu finden als bei Jugendlichen der Durchschnittsbevölkerung.

– Durch Scheidung, Tod und andere einschneidende Erlebnisse können Familienbeziehungen nachhaltig verändert werden. Vater und Mutter heiraten wieder. Neue Kinder kommen als *Stiefgeschwister* in den Familienverband. Weitere Kinder können aus neu geschlossenen Ehen entstehen. *Halbgeschwister* verändern das Klima und die gesamte Dynamik. Die Geschwisterposition mit ihren mehr oder weniger typischen Verhaltensmerkmalen ändert sich.

– Durch Vorurteile, durch Sympathie oder Antipathie, durch Neid und Konkurrenzsucht entstehen völlig neue Konstellationen. Stiefmütter und Stiefväter werden als Eindringlinge, als Fremdlinge und Feinde abgelehnt oder begrüßt. Geschwister schließen sich zusammen. Eheleute kooperieren je mit ihren eigenen Kindern gegen die Kinder des anderen Elternteils. Jungen stehen gegen Mädchen und Ältere gegen Jüngere. Vorher Rivalisierende paktieren plötzlich miteinander. Zweckbündnisse werden geschlossen und völlig neue zwischenmenschliche Umgangsformen eintrainiert.

– *Adoptivkinder* entwickeln nicht selten eine eigene Problematik. Zunächst ist die Beziehung zwischen Eltern und Adoptivkind, wenn es sofort nach der Geburt zu den Adoptiveltern kommt, kaum wesentlich anders als zwischen Eltern und eigenen Kindern. Je älter aber Kinder werden, hören sie allerdings von ihrem Schicksal und stellen Fragen. Adoptiveltern sind nicht das eigene „Fleisch und Blut". Kinder wollen gern ihre *richtigen* Eltern sehen oder kennenlernen. Besonders in der Pubertät können sich Spannungen und Konflikte zu den Adoptiveltern ergeben. Die Schwierigkeiten und Identifikationsstörungen werden um so größer, je längere Zeit Kinder nach der Geburt in Heimen verbracht haben.

– Situationen, die das Familienklima verändern können, sind *Wohnsitzwechsel*. Kinder müssen neue Lehrer, neue Nachbarn, neue Kinder, neue Freunde und Spielgefährten kennenlernen. Besonders ältere Eltern leiden unter dem Zwang, alle Freundschaftsverhältnisse aufgegeben zu haben. Introvertierte Kinder leiden unter Wohnsitzwechsel stärker als andere. Sie brauchen längere Zeit, um neue Freundschaften zu schließen. Gehemmte Kinder können kontaktgestörter werden, Verhaltensstörungen produzieren.

– *Älteste und Einzelkinder* scheinen in der Schule bessere Noten zu bekommen als mittlere und jüngste Geschwister. Ungleich häufiger besuchen sie auch Universitäten. Woran liegt das? Älteste und Einzelkinder sind stärker mit Eltern und Lehrern identifiziert als mittlere und jüngste. Sie tun in höherem Maße als mittlere und jüngste, was die Eltern und Lehrer erwarten. Diese Strebsamkeit mit dem Ziel nach Überlegenheit werden Älteste und Einzelkinder auch spürbar in Partnerbeziehungen widerspiegeln. Besonders Älteste wollen herrschen, Verantwortung tragen und den Ton angeben.

– Das *Temperament* ist bei älteren und jüngeren Geschwistern in der Tat verschieden. Die jüngeren geben sich oft unbekümmerter, sorgloser und freier. Sie verhalten sich leichter, unbeschwerter und optimistischer. Die Rolle des ernsten Kindes haben in der Regel die Ältesten inne. Sie tragen Verantwortung und identifizieren sich stärker mit den Wertvorstellungen der

Erwachsenen. Man erwartet von ihnen Ernst, Tugend, Gewissenhaftigkeit und Zuverlässigkeit. Und viele Älteste haben sich diese Werte zu eigen gemacht. In Märchen und in biblischen Beispielen finden wir diese These bestätigt. Walter *Toman* kommentiert diese geschwisterlichen Unterschiede so:

„Alle diese Unterschiede sind aber das Ergebnis unterschiedlicher Positionen und Geschwisterrollen innerhalb der Familie. Würde man beispielsweise jemand mit der genauen genetischen Ausstattung des Kindes, das als erstes geboren wurde, als zweites Kind zur Welt kommen lassen und jemanden mit der genauen genetischen Ausstattung des Zweitgeborenen als das erste Kind, dann wäre zu erwarten, daß die Unterschiede etwa in der Körperkonstitution, im Temperament oder in der Frustrationstoleranz in der gleichen Richtung läge wie beschrieben. Wieder würde der Erstgeborene körperlich ein wenig schwächer, im Temperament gedämpfter und frustrationstoleranter als der Zweitgeborene sein."[5]

– Kinder, die später Partnerschaftsbeziehungen zum anderen Geschlecht aufgreifen, sind um so erfolgreicher, je mehr ihre Kontakte sozialen Beziehungen der Kindheit entsprechen. Älteste Geschwister, die gewohnt sind, zu führen und Verantwortung zu tragen, werden um so harmonischer mit späteren Ehepartnern kooperieren, wenn sie Partner wählen, die als jüngste Geschwister sich gern verwöhnen ließen oder geführt wurden. Solche Partner ergänzen sich oder bilden eine komplementäre Beziehung. Waren die Beziehungen im familiären Bereich intensiv und dauerhaft, darf man das auch von der späteren Beziehung erwarten.

– Ehepartner, die gleiche Ausgangspositionen haben, also aus ähnlichen Familienkonstellationen stammen, die gleichzeitig älteste, mittlere oder jüngste Kinder sind, haben es im partnerschaftlichen Umgang schwerer, weil gleiche Wünsche, gleiche Ziele, gleiche Durchsetzungstechniken oder Verhaltensmuster eintrainiert wurden. Sie müssen mit *Rangkonflikten* und *Geschlechtskonflikten* rechnen. Sie ergänzen sich nicht, sie rivalisieren.

Eine Untersuchung von Walter *Toman* in der Stadt Boston bestätigt diese These. Von 16 geschiedenen Ehepaaren, die 16 intakten Ehepaaren gegenübergestellt wurden, ergab sich, daß nur eine Ehe eine Komplementarität der Geschwisterrollen aufwies.

Die restlichen 15 führten Rang- und Geschlechtskonflikte aus, weil sie aus ähnlichen Geschwisterpositionen zusammengefunden hatten und heftig miteinander rivalisierten.

„Besonders eindrucksvoll war ein Vergleich der Ehescheidungshäufigkeit unter jenen der 2300 Elternpaare der Untersuchung, deren Geschwisterrollen vollkommen komplementär waren, in denen also die Paare entweder älteste Brüder von Schwestern oder jüngste Schwestern von Brüdern waren oder jüngste Brüder von Schwestern und älteste Schwester von Brüdern. Unter dieser Gruppe gab es keine einzige Ehescheidung."[6]

Die spätere partnerschaftliche Verbindung von *zwei Einzelkindern* hat keine günstige Prognose. Keiner der beiden bringt Erfahrungen mit Geschwistern und Gleichaltrigen mit. Es liegt der Verdacht nahe, daß beide im anderen eine Elternfigur suchen und Enttäuschungen einstecken müssen, wenn sich diese unbewußten Erwartungen nicht erfüllen.

– Bei *Freundschaften* unter gleichgeschlechtlichen Personen, bei Kindern und Erwachsenen, spielen ebenfalls *komplementäre* Kriterien eine große Rolle. Die günstigste Voraussetzung für eine gute und dauerhafte Freundschaft ist bei Jungen gegeben, wenn ein ältester Bruder von Brüdern mit einem jüngsten Bruder von Brüdern befreundet ist. Das gleiche gilt für Freundschaften von Frauen und Mädchen. Eine älteste Schwester von Schwestern wird aller Wahrscheinlichkeit nach eine sehr gute Freundschaft mit einer jüngsten Schwester von Schwestern führen. In beiden Fällen wird die Freundschaft weder unter einem Altersrangkonflikt noch unter einem Geschlechtskonflikt leiden.

– Die *Geschwisterposition der Eltern* spielt für alle Familienbeziehungen eine große Rolle. So kann sich ein Vater, der selbst ältester Bruder von Brüdern war, besser mit seinem ältesten Sohn identifizieren als mit einem mittleren oder jüngsten Sohn. Hat er nur Töchter, wird er es schwer haben, sich in die Rolle der verschiedenen Kinder hineinzuversetzen. Ebenso ergeht es der Mutter, selbst jüngste Schwester von Brüdern. Sie wird sich am besten mit der jüngsten Tochter identifizieren können, wenn ihre übrigen Kinder Söhne sind.

– Eine *Bevorzugung* von Kindern geschieht leicht, wenn ein Elternteil mit dem Kind am meisten kooperiert und zusammenarbeitet, das seiner eigenen Geschwisterposition komplementär gegenübersteht. Ein natürliches Ergänzungsbedürfnis verleitet dazu, ein Kind der Familie zu bevorzugen – abgesehen von anderen Faktoren, die eine Bevorzugung fördern.

– Fällt ein Geschwister für immer aus, kommt es in der Regel zu einem *Geschwisterpositionswechsel.* Die verschiedenen Rollen und bevorzugten Lebensstile der einzelnen müssen sich neu formieren. Fällt das jüngste Geschwister aus, übernimmt das zweitjüngste diese Rolle. Fällt eine älteste Schwester aus, kann die zweitälteste an die Stelle treten. Die ursprüngliche Rolle mit ihrem besonderen Verhalten wird aber zum Teil beibehalten. Je später der Positionswechsel im Leben eines Menschen vollzogen wird, desto weniger wird sich eine einschneidende Wandlung im Lebensstil vollziehen.

– Die *Scheidungshäufigkeit* in der Bevölkerung hängt offensichtlich mit der Geschwisterposition der Ehepartner zusammen. Bei sehr günstigen – sich ergänzenden – Partnerbeziehungen (Vater der älteste Bruder von Brüdern – Mutter die jüngste Schwester von Brüdern; Vater der jüngste Bruder von Schwestern – Mutter die älteste Schwester von Brüdern) sind die Scheidungszahlen offensichtlich *gering.*

Jeweils gibt der Vater oder die Mutter den Ton an, der entsprechende Lebenspartner gibt gern nach, ordnet sich unter und ergänzt das Verhalten des anderen. Beide Male liegt das höchstwahrscheinlich beim ältesten Kind. Die jüngsten Kinder als Ehepartner ordnen sich widerspruchslos unter. In der Regel haben sie ein entsprechendes Verhalten in der Familie eintrainiert und behalten es im späteren Eheleben bei.

– *Rang- und Geschlechtskonflikte* kommen vor allem bei Ehepartnern vor, die selbst in ihrer Geschwisterposition älteste Kinder waren und jeweils nur mit Brüdern oder mit Schwestern zu tun hatten. So hat die Ehebeziehung nicht selten eine schlechte Prognose, in der der Ehegatte ältester Bruder von Brüdern und die Ehefrau älteste Schwester von Schwestern ist. Jeder beansprucht die Führung und verlangt, daß der andere sich fügt. Zum anderen haben sie auch noch Auseinandersetzungen über Vorurteile der Geschlechter. Das, was ihnen am Partner nicht paßt, schieben sie gerne dem Geschlecht des Partners zu.

„Ein Elternpaar dieses Typs hat eine erheblich höhere Scheidungs-Wahrscheinlichkeit als der Durchschnitt der Bevölkerung (16% versus 5%)."[7]

– Die Zunahme *depressiver Verhaltensweisen*, die in den vergangenen Jahren festgestellt wurde – verschiedene Fachleute sprechen von 3 bis 5 Millionen depressiver Menschen in der Bundesrepublik –, findet man überzufällig in Familien, wo die Eheleute *keine* komplementären Geschlechtspositionen innehaben. Durch Rang- und Geschlechtskonflikte der Eheleute unter sich wird depressives Verhalten gefördert.

Fünf Ehetypen – fünf verschiedene Intimitätsmuster

Jeder Ehetyp lebt eine andere Intimität. *Intimität* – das Schlüsselwort für Nähe, Wärme, Geborgenheit, Freundschaft, Vertrautheit und Körperkontakt – erfährt in jeder Ehe eine andere Dichte. Ich erinnere mich an eine junge Dame in der Beratung, die ein so außergewöhnliches Wärmebedürfnis hat, daß sie einmal in der Woche eine Klimakammer bei einem Heilpraktiker aufsucht. Jedes Defizit an seelischer Wärme tut ihr körperlich weh. Sie friert an Leib und Seele. Die Liebesbeziehungen, die sie unterhält, scheitern nach einer bestimmten Zeit. Die Partner sind nicht in der Lage – auch nicht willens –, diesen überhöhten Wärmeanspruch zu befriedigen.

Das Bedürfnis nach Intimität ist Ausdruck eines bestimmten Lebensstils. Und da jeder Mensch seinen originellen Lebensstil widerspiegelt, kommen in allen Ehen bestimmte Intimitätsmuster ans Licht. Die Beobachtung von Ehen über längere Zeiträume kristallisiert dann die wichtigsten Arten heraus.

Howard und Charlotte *Clinebell* berichten über 5 Ehetypen, die von amerikanischen Fachleuten zusammengestellt wurden und Paare beschreiben, die zehn Jahre oder länger verheiratet waren. Die *Clinebells* kommentieren:

„Diese 5 Typen ehelicher Beziehung verkörpern nicht notwendigerweise auch verschiedene Stabilitätsgrade der Ehen. Die meisten in allen fünf sagten, sie fühlten sich einigermaßen zufrieden, wenn nicht glücklich. Die 5 Typen verkörpern ja auch 5 Möglichkeiten der Beziehung und verschiedene Grade von Intimität. Unzweifelhaft gibt es noch viele andere."[8]

Die 5 Ehetypen kann man folgendermaßen charakterisieren:

1. *Die streitgewohnte Ehe*

Streit ist bei diesen Ehepaaren zur Lebensgewohnheit geworden. Ihr Umgang besteht im Austausch von Feindseligkeiten. „In solch einer Beziehung kann sich eine Art Intimität entwickeln." „Streiten verbindet" ist ein Titel eines weitverbreiteten Ehebuches. Streit wird zur Klammer, zum Kitt der Ehe, so paradox es klingen mag.

2. *Die abgestorbene Ehe*

Die Beziehung der Eheleute ist schal und leer geworden. Ihre gemeinsamen Interessen sind gering. Beide haben sich mit dem „Käfig" der Gewohnheit abgefunden. Sie leben nebeneinander, hin und wieder miteinander. „Die Intimität solcher Ehen kann man am ehesten mit einer noch nicht beerdigten Leiche vergleichen."

Gewohnheiten sind wichtige Hilfen für die Liebe und das menschliche Zusammenleben. Bestimmte Verhaltensweisen laufen automatisch ab. Aber: Sobald eine Beziehung zur Gewohnheit wird, ist der Dialog zu Ende. Sie sprechen nicht mehr miteinander und tauschen keine neuen Möglichkeiten aus. Sie gewöhnen sich daran, auf nicht-verbalem Wege einander Tag für Tag und Jahr für Jahr die gleichen Dinge mitzuteilen. Die Gewohnheit ist das große Betäubungsmittel. Wachstum und Reife, Wandel und Entfaltung werden gebremst.

3. *Die passiv-geistesverwandte Ehe*

Die Ehe ähnelt dem zweiten Ehetyp. Von Anfang an herrschten Passivität in den Beziehungen. Beide gehen Konflikten aus dem Weg. Die Partner begegnen sich höflich, verbindlich und konventionell. Einige gemeinsame Interessen sind vorhanden, Sexualität spielt eine untergeordnete Rolle.

4. *Die vitale Ehe*

Sie steht im scharfen Gegensatz zu den drei anderen Typen. Zwischen den Partnern besteht ein hoher Grad an Intimität. Bei wichtigen Angelegenheiten des Lebens sind sie intensiv seelisch miteinander verbunden. Sie nehmen aneinander teil, und ihr Zusammensein ist echt. Beide pflegen eine lebendige Beziehung.

5. *Die totale Ehe*

Die Beziehung gleicht dem 4. Typ, enthält aber noch mehr Punkte lebendiger Verknüpfung. Der eine ist dem anderen ein wirklicher Freund und ein echter Partner. Sie sind aufeinander abgestimmt und teilen *alles* miteinander. Beide verstehen es auch auf allen Gebieten, sich zu beschenken.

Liebe und Intimität werden auf tausend verschiedene Weisen ausgedrückt. Jedes Paar muß seine Muster finden. Die fünf beschriebenen Ehetypen verkörpern eheliche Interaktionen, die häufig vorkommen. Ein Paar pflegt viele Kontakte und zwischenmenschliche Beziehungen, ein anderes braucht Abstand und mehr Distanz, ohne die Zusammengehörigkeit zu gefährden. Auch die *totale Ehe*, die nach reibungsloser Gemeinschaft aussieht, die die häufigsten Begegnungen aufweist, kennt Zeiten der Kontaktlosigkeit. Auch in dieser Ehe bleiben Wände, die trennen, und Mauern, die nicht überschritten werden können. Das vollkommene Einssein ist eine Illusion. Wer ihr nachläuft, wird scheitern. Er wird nur Enttäuschungen sammeln. Die totale Ehe ist vielleicht der aufrichtige Versuch zweier Partner, ein Optimum an gegenseitiger Befriedigung zu ermöglichen.

Dieser gemeinsame Wunsch baut Brücken. Dieses gemeinsame Bemühen fördert die Rücksichtnahme. Zwei Menschen setzen alles daran, *für* ihre Ehe und damit für ihre persönliche Selbsterfüllung zu leben.

Die Machtkampfehe

Eine beliebte Konstellation ist die Kampfehe. Machtkämpfe sind zwischenmenschliche Interaktionsmuster, um sich zu behaupten. Machtkämpfe demonstrieren, daß die Kooperation gestört ist und daß die Kommunikation nicht mehr funktioniert. Partnerschaftliche Auseinandersetzungen werden *kriegsmäßig* aufgezogen. Kampfspiele und Ehekampfspiele sind Formen der Auseinandersetzung. Jeder glaubt, durch Kriegsspiele besser zum Zuge zu kommen. Machtkämpfe spiegeln den individuellen Lebensstil beider Partner wider. Sie haben diese Methoden und Techniken eintrainiert, haben sich erfolgreich damit im Familienleben früher behauptet und gedenken auch fernerhin, sich dieser Strategien zu bedienen.

Machtkampf oder Liebe als Krieg

Der Dichter *Ovid* war so sehr vom Kampfcharakter der Liebe überzeugt, daß er den Aphorismus formulierte: „Liebe ist ein Kriegszustand."

Wie sehr Macht und Krieg in der partnerschaftlichen Liebe eine Rolle spielen, machen Ausdrücke deutlich, die wir tagtäglich benutzen. Unverstanden geben wir preis, was wir denken und wie wir uns die Liebe und ihre Beziehungen vorstellen. Wir sagen:
- Die Frau muß *erobert* werden
- Der Widerstand muß *gebrochen* werden
- Die Frau ist eine *Festung*
- Mann oder Frau müssen *fertiggemacht* werden
- Die Frau wird *umgelegt*
- Mann oder Frau haben *kapituliert*
- Wir müssen uns *verteidigen*

26

- Du *provozierst* mich, dich *anzugreifen*
- Er oder sie haben den Partner *kaputtgemacht*
- Du willst immer *siegen*
- Du kannst dich nur behaupten, wenn du *gewinnst*
- Da ist jemand mit Pauken und Trompeten *untergegangen*
- Er oder sie fühlen sich *überlegen, untergebuttert, runtergemacht.*

Die Ausdrücke, die wir mühelos vermehren können, sind ein Spiegelbild von Kampf und Krieg, der im Eheleben stattfindet.

Machtkampf und Ehekrieg sind „Spiele"

Der Begriff „Spiele" wurde von Eric *Berne*, einem amerikanischen Sozialpsychiater und Therapeuten, erfunden. Er versteht unter Spielen *Ersatzformen* für Intimerlebnisse. Kampf und Krieg sind für ihn Fehlformen der zwischenmenschlichen Interaktion. Gleichzeitig geht er allerdings davon aus, daß diese Sozialkontakte einen *Nutzwert* haben und einen Krankheitsgewinn für die Partner darstellen. Jeder verspricht sich einen *Vorteil* und zieht aus dem Kampfspiel, das er relativ unbewußt abwickelt, sein Kapital. Spiele haben also den Sinn, aus dem Schlagabtausch eine *Befriedigung* zu ziehen. Diese Nutzeffekte und Befriedigungen können verschiedenster Natur sein. Sie sind individuell verschieden. Machen wir uns an einem simplen Beispiel den Nutzwert solcher Spiele klar. Frau Meyer versteht es meisterhaft, ihren Partner vor fremden Leuten bloßzustellen. Irgendeine Schwäche nimmt sie zum Anlaß und sticht hemmungslos zu. Der Partner ist so *getroffen* und betroffen, daß er nur kraftlos schweigen kann. Der „Schuß hat gesessen", Frau Meyer hat ein Ziel erreicht.

Herr Meyer *rächt* sich auf seine Art. Er weiß, daß seine Frau liebend gern ausgiebig lange Spaziergänge mit ihm unternimmt. Sie möchte den Partner für sich haben und mit ihm „schwatzen". Den „Schuß" seiner Partnerin pariert er auf seine Art. Wochenlang läßt er sie schmoren und hat keine Zeit für gemeinsame Spaziergänge. Er flieht in Überstunden und Sitzungen, die er ans Wochenende legt. Er schlägt auf seine Weise zurück und weiß, wie er den Partner verletzen kann.

Kampfmethoden gibt es so zahlreich wie Kühe auf der Weide. Herr Müller ist wütend auf seine Frau, weil sie schon acht Tage lang einen Knopf am Mantel nicht angenäht hat. Morgens, als er das Haus verläßt und seine Frau ihn bittet, heute abend besonders pünktlich zu sein, weil sie ein schönes Menü richten will, kommt er *natürlich* später. Sie kommt ihm an der Tür mit herunterhängenden Lippen entgegen.

Sie: „Das Fleisch ist trocken, die Kruste zu hart, und überhaupt schmeckt mir alles nicht mehr."

Er: „Da siehst du mal, wie es ist, Liebling, wenn nicht alles so läuft, wie der Mensch es sich vorgestellt hat."

Sie: „Schon vor der Ehe hätte ich wissen müssen, daß du unzuverlässig und gemein bist. Selbst deine Mutter hat mich gewarnt, und das will was heißen!"

Er: „Und deine Mutter hat mir gesagt, daß du schwierig bist. Schau dir den Mantel an. Ich laufe herum, als gehöre keine Frau zu mir!"

Es versteht sich, daß der Abend schiefgelaufen ist und jeder Partner vor sich hinbrütet, wie er dem anderen seine Lieblosigkeit heimzahlen kann.

Vier Ziele des Kampfes

Der Mensch verfolgt im Zusammenleben und ehelichen Umgang, wenn es problematisch wird, vier *Ziele.* Vom Nutzeffekt haben wir schon gehört. Die Nutzeffekte, Ziele, Zwecke und Absichten verlaufen selten bewußt. Immer sind es vier Ziele, mit denen wir alle zwischenmenschlichen sozialstörenden Verhaltensweisen erklären können. Um die Ziele und Absichten zu identifizieren, fragen wir nach dem *Wozu.*
Wozu ärgert sich der Partner?
Wozu benutzt Frau X. dieses Spielarrangement?
Wozu braucht Herr X. jenes Spielmuster?
Wozu muß der eine siegen?
Wozu demütigt er den Partner?
Wozu stellt er seinen Ehepartner bloß?
Warum-Fragen werden damit nicht überflüssig. Nur hilft die *kausale* Betrachtungsweise nicht weiter. Wir finden unter Umständen kluge Erklärungen. Für die Verbesserung der Beziehungen ist dem Ehepartner damit aber nicht geholfen. Die *finale* Betrachtungsweise dagegen läßt die Absichten aufleuchten, die

verborgenen Wünsche und geheimen Ziele kommen ans Licht. Der Partner versteht sein Gegenüber besser, wenn er seine Ziele erkannt hat, und kann seine Einstellung zu ihm verändern. Der Schüler Alfred *Adlers*, Rudolf *Dreikurs*, hat vier Ziele störenden Verhaltens herausgefunden, mit denen Erwachsene ihren Umgang regeln.

Ziel 1: Entschuldigung für eigene Mängel
Ziel 2: Aufmerksamkeit
Ziel 3: Überlegenheit
Ziel 4: Vergeltung und Rache

Ziel 1: Entschuldigung für eigene Mängel

Das erste Ziel partnerschaftlichen Fehlverhaltens ist weitgehend noch harmlos. Aber es kann schon den Kampf andeuten, der sich jederzeit verschärfen kann. Ein überzeugendes Beispiel liefert ein *Waschzwang*kranker. Er wäscht sich morgens drei bis vier Stunden, und wenn er abends nach Hause kommt, „vertrödelt" er seine Zeit mit Waschen, Anziehen und Reinlichkeitsriten. Es ist seine Art, sich in der Familie gegen Frau und Kinder durchzusetzen. Ihm ist es auch gleich, daß er als krank hingestellt wird. Die *Zwangsneurose*, die ihm von Ärzten bescheinigt wurde, ist ihm eine plausible Entschuldigung für alle Mängel, die er heraufbeschwört. Spaziergänge fallen aus, Besuche bei Verwandten und Freunden können nicht stattfinden, und Verabredungen müssen verschoben werden, die Kinder müssen ständig den Vater entbehren, der überlastet ist und unter seiner Krankheit leidet, wie sie von der Mutter als Entschuldigung für sein Verhalten gehört haben. Da er im Grunde *schwach* ist und gegen die Familie mit triftigen Argumenten nichts ausrichten kann, verschanzt er sich hinter der Zwangsneurose. Er boxt sich auf seine Weise durchs Leben, auch wenn dieser Kampf unfair ist und großen Widerstand in der Familie mobilisiert. Alfred Adler kennzeichnet dieses erste Ziel so:

„Meist ist folgender Mechanismus auffindbar. Erst wird eine Schwierigkeit geschaffen und geheilt, dann wird ihre Überwindung vergeblich versucht. Waschzwang, krankhafte Pedanterie, Berührungsfurcht (als räumlicher Ausdruck des Arrangements der Distanz), Zuspätkommen, gemachte Wege zurückkehren, angefangene Arbeiten wieder zerstören (Penelope) oder einen Rest stets übriglassen usw. findet sich recht oft. Ebenso häufig sieht man ein Hinausschieben der Arbeit als der Entscheidung unter ‚unwiderstehlichem‘ Zwang zu unwichtiger Tätigkeit, zu Vergnügungen, bis es zu spät ist… Die Überlegenheit und Sicherung des Patienten ergibt sich aus der Fiktion, die oft ausgesprochen wird oder unausgesprochen bleibt, nie aber verstanden wird. Sie beginnt mit einem ‚Wenn-Satz‘: ‚Wenn ich… (dieses Leiden) nicht hätte, da wäre ich der erste.‘ Daß er sich von dieser Lebenslüge nicht trennt, solange er seinen Lebensplan aufrechthält, ist begreiflich."[1]

Diese Lebenslüge und Rechtfertigung finden wir im zwischenmenschlichen Umgang. Wir leben von Ausreden und erfinden ständig neue Ausflüchte. Nicht umsonst hat Manès Sperber diese Menschen *Nisiten* genannt, nisi = wenn nicht.

Wenn nicht das Wetter so heiß gewesen wäre, hätte ich die Wäsche geschafft;

wenn nicht die Kinder ständig mit ihren Schularbeiten mich gestört hätten, könnte ich heute abend mit dir ausgehen;

wenn nicht der Chef noch im letzten Augenblick ins Büro gekommen wäre, hätte ich zum Essen pünktlich sein können;

wenn nicht alle Kleider, die im Schrank hängen, zu kurz wären, würde ich mit dir zum Tanzen gehen;

wenn nicht diese schreckliche Migräne dazwischengekommen wäre, würde ich jetzt mit dir schwimmen gehen.

Ich erinnere mich an einen Ratsuchenden, der schwere Eheprobleme hat und sich ernsthaft fragt, ob er sich nicht scheiden lassen muß. Als Christ widerstrebt ihm die Scheidung. Aber er hat Symptome entdeckt, die er früher nicht hatte und die seine Zufriedenheit beschneiden. Er klagt über eine *unerträgliche Müdigkeit*, wenn er seine Wohnung betritt. Im Beruf ist er fit und aktiv, nur zu Hause ist er müde, ohne Antrieb und ohne jeden Elan. Er macht seine Frau dafür verantwortlich und die Ehe als Zwangsanstalt, der er entfliehen möchte. Sie versteht es nicht, ihn aufzumuntern, ihn richtig zu nehmen und seine vitalen Kräfte, die ja offensichtlich intakt sind, in Bewegung zu setzen. Sexuell haben beide enorme Schwierigkeiten, die sich seit Ehebeginn nicht verloren haben. Er leidet darunter, daß sie sexuelle Wünsche und Bedürfnisse auf ein Minimum reduziert hat, und entschuldigt sich damit, daß er die falsche Frau unter falschen Voraussetzungen geheiratet hat.

Ein anderes Mittel und zugkräftiges Arrangement ist *Angst*, um sich vor Aufgaben zu drücken und eigene Mängel zu vertuschen. Angst wird produziert,

- um langsamer zu treten,
- um vor Aufgaben zu fliehen,
- um vor Schwierigkeiten auszuweichen,
- um den Partner anzubinden
- und um Aufmerksamkeit zu erregen.

Die letzten Gedanken leiten damit schon zum Ziel 2 über.

Ziel 2: Aufmerksamkeit

Partner, die es nötig haben, verstehen es, sich gemäß ihres Lebensstils Aufmerksamkeit zu verschaffen. Eine Form der Aufmerksamkeitserregung ist die *Dramatisierung* kleiner Wehwehchen. Kümmernisse werden aufgebauscht und herausgestellt. Der andere soll sich endlich ernsthaft und intensiv um den Partner bemühen. Die Dramatisierung verfolgt eindeutige Ziele. Wie ein Kind, das schreit und eine Verletzung wie eine schwerwiegende Amputation erlebt, kann der Erwachsene seinen Jammer herausschreien. Er braucht Gehör und Zuwendung.

Im Grunde können alle Verhaltensweisen benutzt werden, um Aufmerksamkeit zu erzielen: eine leise Stimme, eine laute Stimme, Klagen, Tränen, Weinkrämpfe, Körpersymptome (Migräne, Herzschmerzen, Asthma), Zuspätkommen, Angst, Angeberei usw. Es sind gezähmte Kampfmethoden, die nicht verstärkt werden, wenn sie Erfolg versprechen, die aber jederzeit aggressiv gesteigert werden können, wenn sich ein Partner ungewöhnlich vernachlässigt fühlt.

Auch Aufmerksamkeitserregung kann Kampfcharakter annehmen. *Eifersucht* ist beispielsweise ein probates Mittel, den Partner in Schach zu halten. Eifersucht ist mehr als eine häßliche Eigenschaft, sie ist ein aggressives Verhaltensmuster, den Partner auf sich aufmerksam zu machen.

Herr W. benutzt die Eifersucht wie ein Dompteur in der Arena seine Peitsche. Er knallt damit, und seine liebe Ehefrau zuckt schuldbewußt zusammen. Sie sieht gut aus, ist acht Jahre jünger als ihr Mann und darf keinen Blick riskieren, wenn sie mit ihrem Mann durch die Straßen der Stadt geht. Restaurants, Tanzdielen und Konzerte sind sowieso von ihm verboten. Sie könnte ja einem wildfremden Mann einen heißen Blick zuwerfen. Er ist unaufhörlich damit beschäftigt, seine Frau zu kontrollieren, zu beobachten, ihre Gesichtszüge zu enträtseln und sogar Gedanken zu lesen. Mit seiner krankhaften Eifersucht erzwingt er ihre Aufmerksamkeit. In harmlosesten Begegnungen seiner Frau mit

Männern, die sie ansprechen, konsultieren oder geschäftlich beanspruchen muß, sieht er unanständige Kontakte, getarnte Flirts und raffinierte Techtelmechtel.

Er umgibt sie wie ein Wachhund und benutzt die Eifersucht, grenzenlose Aufmerksamkeit zu bekommen. Einigermaßen ist er zufriedengestellt, wenn sie mit großen Augen an seinen Lippen hängt und ihm ihre Zuwendung uneingeschränkt schenkt. Daß diese krankhafte Form der Aufmerksamkeitserregung immer wieder zu schwersten ehelichen Belastungen führt, versteht sich von selbst.

Ziel 3: Überlegenheit

Frau M. und Herr M. sind verreist, und zwar in die Berge. Sie haben gefrühstückt und wollen den „Hausberg" besteigen.

Sie: „Ob wir um die Mittagszeit oben sind?"

Er: „Unsinn. In $2^1/_2$ Stunden haben wir den kleinen Berg geschafft."

Sie: „Klein. Weißt du, wie hoch er ist?"

Er: „Natürlich weiß ich das. 1400 Meter."

Sie: „Nein, 1448 Meter ist er genau."

Er: „Das steht in *deinem* Prospekt. Wenn wir zehn Prospekte durchblättern würden, bekommen wir andere Maßangaben."

Sie: „Das stimmt nicht. Die Maße sind überall gleich. Man muß sich doch auf die Maße verlassen können."

Er: „Weibliche Logik! Schön wär's, wenn man sich verlassen könnte. Man kann es aber nicht."

Sie: „Woher weißt du das?"

Er: „Ich weiß es eben!"

Ein typisches Gespräch, das den Kampf um die *Überlegenheit* beider Partner demonstriert. Sie kämpfen miteinander. Einer beweist dem anderen, daß er ein besseres Gedächtnis, eine schärfere Zeiteinteilung, eine gründlichere Logik und ein treffenderes Argument hat. *Wozu* führen sie ein solches unsinniges Gespräch? Antwort: Einer beweist dem anderen seine Überlegenheit. Jeder muß das letzte Wort behalten. Keiner gibt nach und beendet den sinnlosen Kampf und das rechthaberische Geschwätz. Selbst die Überlegenheit zeigt viele Gesichter. Da ist die *moralische* Überlegenheit. Einer setzt den anderen ständig ins Unrecht. Ein Partner muß sauberer, gründlicher, ernster, gewissenhafter als der andere sein. Selbst unter Christen wird unter der Hand und unverstanden die moralische Überlegenheit ausgespielt.

Mann und Frau besuchen die Bibelstunde ihrer Gemeinde. Auf dem Nachhauseweg kommen beide ins Gespräch.

Sie: „Ich habe den Eindruck, der Pfarrer hat das ganze Kapitel nicht tiefgründig genug behandelt. Über die Verse 6 bis 10 ging er husch-husch drüber hinweg."

Er: „Ich fand, daß er die große Linie gut herausgearbeitet hat. Schließlich kommt es doch auf den Gesamteindruck und den roten Faden an!"

Sie: „Es paßt zu deinem Denken. Du bist oberflächlicher. Tiefe Stollen in biblische Texte zu graben liegt dir nicht. Auf vielen Gebieten fliegst du über die Dinge weg."

Die Frau ist der *gründliche* Typ. Sie nimmt alles genauer. Großzügigkeit ist ihr verhaßt. Gewissenhaft prüft sie jede Null hinter dem Komma. Der Mann dagegen rundet auf, denkt in der Tat oberflächlicher und läßt ab und zu fünfe gerade sein. Die Frau rechnet nach, korrigiert und zeigt, daß ethische Präzision dem Willen Gottes besser gerecht wird. Unnachsichtig spießt sie seine kleinen Unkorrektheiten auf, stellt sein Christsein in Frage und macht ihm ständig Schuldgefühle. Er sagt in einer Beratungsstunde: „Sie ist mein ständiges schlechtes Gewissen."

Fritz *Künkel,* ein Schüler Alfred *Adlers,* hat in seiner Charaktertypologie 4 *ich-hafte* Persönlichkeiten beschrieben. In allen 4 Entwicklungen haben sich auf Grund ungünstiger Kindheitsbedingungen ich-hafte „Dressate" gebildet, die den betreffenden Menschen daran hindern, sich entsprechend zu entfalten. Einer dieser 4 ich-haften Persönlichkeitsstrukturen ist der „Cäsar". Er muß überall herrschen und den Ton angeben. Er glaubt, den Überlegenen spielen zu müssen. Cäsar will führen und muß führen. Seine Überlegenheit bringt er, wo er geht und steht, zur Geltung. Er kämpft selbst da noch um Überlegenheit, wo der andere offensichtlich recht hat. Lieber verleugnet er die Wahrheit, als daß er sich irgend jemand unterstellt. Interessant ist die Beobachtung, daß besonders *kleine* Menschen den Überlegenen spielen wollen. Sie fühlen sich klein, müssen zu den meisten Menschen hinaufschauen und wollen auf anderen Gebieten ihre Überlegenheit beweisen. Überlegenheitsgefühle sind Kompensationen und Überkompensationen von echten und eingebildeten Minderwertigkeitsgefühlen. Diese Menschen können es nicht ertragen, unten zu sein, unterlegen zu sein. Sie kämpfen um Überlegenheit – koste es, was es wolle.

Frigidität und *Impotenz* sind charakteristische Symptome, an denen man Überlegenheit und Unterlegenheit ablesen kann. Schon die *Stellung* im Geschlechtsverkehr symbolisiert die Rolle, die jemand spielt. Die Frau ist oft die Unterliegende, und zwar buchstäblich gesehen. Braucht der Mann diese Position, um seine männliche Überlegenheit zu demonstrieren? War sie nicht jahrhundertelang im menschlichen und christlichen Denken Symbol für die Herrschaft des Mannes? Was können Motive für Frigidität und Impotenz sein? Auf dem Hintergrund des Überlegenheits- oder Unterlegenheitsgefühls möchte ich einige Beweggründe zusammentragen:

– Ein Mann hat seine Mutter sehr dominierend und angsteinflößend erlebt. Eine Ursache seiner späteren Impotenz kann der Mann im Unterlegenheitsgefühl der Frau generell gegenüber erleben;

– eine Frau kann mit Frigidität reagieren, weil durch die eigene Mutter ein Stück „Vater-Angst" aufgebaut wurde. Mit dem Vater fürchtete sie sich vor der gesamten Männerwelt;

– Mann oder Frau haben nicht gelernt zu kooperieren. Sie haben Angst, das gemeinsame Zusammensein zu bewältigen. Die Folge ist, daß einer der Partner mit Hingabestörungen antwortet;

– eine andere Form der Unterlegenheit, die Impotenzgefühle hervorruft, ist, wenn der Mann seine Frau in den Himmel hebt, sie zur Heiligen stempelt und ihr madonnagleiche Züge andichtet. Er hebt sie so hoch, daß er seine „niedrigen Triebe" nicht an ihr befriedigen darf;

– Angst vor Hingabe ist die Angst, sich *fallenzulassen*. Die Frau will sich nicht ausliefern. Sie glaubt, sich dem Partner nicht anvertrauen zu können. Sie will das Heft herrschaftlich in der Hand behalten;

– Unterlegenheit und Überlegenheit kommen besonders im *Sadomasochismus* ans Licht. Sadistische Triebfedern verkörpern Geltungsstreben, Herrschsucht und Obensein-Müssen. Alle Formen des Quälens und Gequältwerdens spielen eine Rolle. Es kann sein, daß der Mann impotent reagiert, weil er seine Partnerin als überlegen und übermächtig erlebt. Er fühlt sich bedroht und glaubt, sadistische Impulse ausleben zu müssen;

– *Konkurrenzgefühle* der Frau, die mit ihrem Mann mithalten will, kann ihr ungewollt Frigiditätsstörungen bescheren. Sie darf ihm den Erfolg, den Orgasmus, nicht gönnen. Der Kampf zwischen den Partnern ist entbrannt. Sie sorgt dafür, daß ihm ein Mißerfolgserlebnis sicher ist;

– viele Menschen sind im *Wettlauf-Denken* erzogen. Immer geht es darum, sich zu vergleichen. Wer ist schneller, tapferer, klüger, ausdauernder und leistungsfähiger? Männer vergleichen sich mit anderen. Der *Weiberheld* und Supermann wird erzogen. Das Übertrumpfen der anderen wird zum Lebenszweck. Auch in der Sexualität wird das Überlegenheitsstreben exerziert. Impotenz und Frigidität sind die Folgen. Der Mann bekommt die Quittung, die Frau bestraft ihn mit Frigidität;

– der Mann wird vielfach – auch heute noch – zum Eroberer erzogen. Sein Ehrgeiz wird entfacht, eine Frau zu *besitzen*. Besitzt er sie und verfügt über sie, ist sein Geltungsstreben gestillt. Erlebt er aber, daß seine Partnerin sich auflehnt und seine Überlegenheitsansprüche antastet, kann er mit Impotenz reagieren, oder sie bekämpft ihn mit Frigidität;

– eine *falsche christliche* Erziehung kann später sexuelle Störungen hervorrufen. Da wird auch zwischen Zärtlichkeit und Sexualität unterschieden. Zärtlichkeit ist keine Sünde, Sexualität – besonders vor der Ehe – ist schmutzig. Es kommt zur Trennung einheitlicher Regungen. Später reagiert ein Partner mit Schuld- und Unterlegenheitsgefühlen. Er verläßt die reinen Gefühle und bewegt sich auf schmutzigem Parkett. Der sexuell Fordernde erlebt sich als der Unterlegene;

– Josef *Rattner* schreibt in einem seiner Bücher: „Ich las kürzlich die Erzählung von Heinrich Mann: Der *Untertan*. Da wird sehr schön ein Einblick in die Gemütsverfassung des Spießers der wilhelminischen Epoche gegeben. Der Held verführt ein anständiges Mädchen, aber er heiratet es nicht, weil es eben keine ‚Jungfrau‘ mehr ist. Das Ideal der Jungfräulichkeit bei der Lizenz einer männlichen Sexualfreiheit ist natürlich auch patriarchalisch bestimmt. Es geht darum, die Frau als eine Art ‚Ware‘ zu betrachten. Sie soll unschuldig und rein, das heißt unerfahren sein. Der Mann ist dann der Überlegene."[2]

Es ist einige Jahre her, da kam eine Frau weinend in unsere Beratungsstelle. Sie wollte sofort mit jemand sprechen. Mit aufgerissenen ängstlichen Augen saß sie vor mir: eine schlanke, männlich wirkende Frau mit einem kurzen „Herrenschnitt". Ihre Hände wirkten grob und stark. Hinter ihrer Ängstlichkeit versteckte sie eine starke Persönlichkeit. Der Körper zitterte. Ohne abzuwarten, sprudelte sie los. Sie war ein Vierteljahr verheiratet und hatte ihren Mann erwischt, als er Selbstbefriedigung trieb. Fassungslos war sie aus dem Hause gerannt und hatte unsere Be-

ratungsstelle aufgesucht. Im Gespräch ergab sich, daß sie beide
von Beruf Apotheker waren, sich beide ein gutgehendes Geschäft
aufgebaut hatten und zufrieden hätten sein können, wenn die Sache mit der *Überlegenheit* nicht gewesen wäre. Die Frau domi-
nierte in der Ehe eindeutig. Sie bestimmte, wer angestellt wurde,
entschied über Waren und besprach sich mit Vertretern der Arz-
neimittelfirmen. Nach ihren Schilderungen war er ein hoch sen-
sibler, ästhetischer Mensch, der klassische Musik liebte und sich
wissenschaftlich mit der Wirkung von Medikamenten beschäftigte. Gefährliche Dinge wehrte er ab und war im Grunde immer
mit halbem Herzen in der Apotheke, wenn er Medikamente verkaufen mußte. Und dann kam die „sexuelle Perversion" heraus,
wie sie das nannte. Ihr Mann verkehrte nur von hinten mit ihr
und könne es nicht ertragen, wenn sie rittlings auf ihm säße und
so wesentlich leichter zum Orgasmus käme. Der Mann kam nur
einmal in die Beratung und bestätigte seine Abwehr gegen die
Überlegenheit seiner Frau, und er fühlte sich erdrückt von ihr,
wenn „sie ihn nahm", wie er das formulierte. Um der Übermacht
einigermaßen gewachsen zu sein, nahm er sie von hinten. Die
Hauptgespräche fanden mit der Frau statt, die unbewußt eine
Herrscherrolle innehatte und den Mann entmachtete. Seine
Ohnmacht drückte sich in Impotenz aus. Um sich zu *rächen*
– hier geht die Überlegenheit bereits in Rache über –, trieb er
Selbstbefriedigung, die der Frau nicht verborgen bleiben *sollte*.
Die Beratung war insofern erfolgreich, weil die Frau auf diese er-
drückende Überlegenheit nach und nach verzichten konnte. In
dem Maße, wie die Angst vor Unterlegenheit im sexuellen Bereich nachließ, erlebten beide befriedigende körperliche Beziehungen.

Ziel 4: Vergeltung
Wenn der eheliche Machtkampf seine kritische Phase erreicht
hat, geht der Kampf schnell in *Rache* über. Das Spiel „frigide
Frau", wie es Eric *Berne* in einem seiner Bücher schildert, verrät
stärkere Züge der Vergeltung. Der Mann macht zärtliche Annäherungsversuche und wird abgewiesen. Sie wirft ihm vor, alle
Männer benähmen sich so wie Tiere. Er liebe sie in Wirklichkeit
nicht und sei schließlich nur am Sex interessiert. Der Mann hält
sich zurück, die Frau läuft in zunehmendem Maße zwanglos und
halbbekleidet herum. „Spielt sie das Spiel in scharfer Form oder
ist sie eine starke Trinkerin, dann läßt sie sich bei Partys auf

kleine Flirts mit fremden Männern ein. Nach einer gewissen Zeit reagiert der Mann schließlich auf dieses provokative Verhalten und unternimmt erneute Annäherungsversuche bei seiner Frau. Nach einer erneuten Abweisung kommt es zum Spiel ‚Tumult‘, bei dem ihr beiderseitiges Verhalten, andere Ehepaare, ihre Verwandten, ihre Finanzen und ihre eigenen Schwächen zur Sprache kommen; den Abschluß bildet das Zuknallen einer Tür."[3]

In diesem „Spiel" sind alle Stufen der Vergeltung denkbar. Der Mann fühlt sich verraten, von seinem Partner im Stich gelassen und reicht die Scheidung ein. Die Frau pokert hoch, nur um den Mann zu quälen, weil er sie – aus welchen Gründen und Absichten auch immer – gedemütigt hat. Frigidität ist ein brauchbares Mittel, am Partner Vergeltung zu üben. Die schönsten Stunden werden ihm vermiest.

Eine gefährliche Form der *Vergeltung* ist Selbstmord eines Partners. Der vollzogene Suizid ist die schärfste Form der Rache, die man sich vorstellen kann. Der Partner soll einen Denkzettel erhalten, der ihn zeit seines Lebens beschäftigen wird. Unzufriedenheit und Verzweiflung haben einen solchen Grad erreicht, daß diese Waffe dem Partner als geeignet erscheint. Alfred *Adler* schrieb darum:

„Melancholiker neigen oft dazu, sich dadurch zu rächen, daß sie Selbstmord begehen, und es sollte die erste Sorge des Arztes sein zu vermeiden, ihnen eine Rechtfertigung für den Selbstmord zu geben. Ich selbst versuche die ganze Spannung dadurch abzuschwächen, daß ich ihnen – als erste Regel in der Kur – vorschlage: ‚Tun Sie niemals etwas, was Sie nicht gerne tun.‘ Dies erscheint eine sehr bescheidene Forderung zu sein, ich glaube aber, daß sie den Kern der ganzen Beschwerden trifft. Wenn ein Mensch tun und lassen kann, was er will, wen kann er dann beschuldigen? Was ist ihm getan worden, wofür er sich rächen müßte?"[4]

Rache treibt die kuriosesten Blüten. Ein Mann, der seine Frau verlassen will und mit seiner Freundin zusammenlebt, wird systematisch von ihr gequält. Die Freundin erhält die schmutzigsten Briefe, in denen der Mann beschimpft, verdächtigt, schlechtgemacht wird. Der Arbeitgeber erhält eingeschriebene Briefe mit niederträchtigsten Anschuldigungen. Die eigenen Kinder werden systematisch über den „Schuft" aufgeklärt. Die Frau macht innerhalb kürzester Zeit hohe Schulden, für die der Mann aufkommen muß, und steckt seinen Mercedes, der eines

Tages vor der Tür steht, in Brand. Als der Mann die Polizei holt, schreit sie mit unmenschlicher Stimme die ganze Nachbarschaft zusammen. Sie landet in einer Nervenheilanstalt, die sie nach einem halben Jahr wieder verläßt, nachdem ihr ein guter Rechtsanwalt eine Kurzschlußhandlung mit situativer Unzurechnungsfähigkeit bescheinigt hatte.

Die Depression als Kampfarrangement

Eine Krankheit, die selbstverständlich unbewußt als Kampfmethode benutzt wird, ist die Depression. Es stimmt vermutlich, daß es keine seelische Störung gibt, unter der die Umgebung mehr leidet und auf ihren Unwert hingewiesen wird. Der Depressive zeigt in der Regel eine starke Anhänglichkeit und Abhängigkeit und benutzt diese Eigenart auch, den Partner in Dienst zu stellen. Der Lebenspartner ist ganz zweifellos eingeengt, wird mit Hilfe des Leidens angebunden und am Haus festgehalten. Er muß sich kümmern und wird – ehe er sich's versieht – auf das Karussell des Depressiven, das sich leider nur allzu gern um sich selbst dreht, hinaufgezogen. Ob er will oder nicht, er dreht sich mit im Kreise und wird gewaltsam mit Hilfe der Krankheit festgehalten.

In der Regel hat der depressive Charakter sich von Kind auf ängstlich und mutlos verhalten. Entweder wurde er verwöhnt oder zu streng oder zu hart erzogen. Sie zeigen eine geringe Selbstachtung und enthalten einen unbändigen Liebeshunger. Von daher können sie auf der einen Seite bequem sein, auf der anderen mit Riesenerwartungen und Riesenansprüchen an die Welt herangehen. Jetzt verhalten sie sich klein, hilflos, mißerfolgsorientiert, leiden unter ihrer Winzigkeit, einen Augenblick später zeigen sie die Zähne. Sie verstehen es zu klagen *und* anzuklagen. Josef *Rattner* kennzeichnet die depressive Persönlichkeit, was ihre aggressive Partnerbeziehung angeht, so:

„Dazu kommen auch aggressive Dispositionen ins Spiel... Viele depressive Menschen lernen, ihre Verstimmungen als Waffe im zwischenmenschlichen Verkehr zu benutzen. Die Depression kommt zur rechten Zeit – sie bedeutet mitunter eine Bestrafung für jene, die den Wünschen des Patienten nicht entgegenkommen oder sonstwie Mißfallen erregten. Man kann via Depression auch Macht über die Umwelt erstreben und erlangen. Natürlich ist diese Zielsetzung in der Regel unbewußt.

Ein richtiger Charakterzug Depressiver ist der Trotz. Wenn man in liebloser oder verzärtelnder Atmosphäre aufgewachsen ist, lernt man ,bocken'. Der Trotz ist die Stärke des Schwachen. Wenn man nicht genug Liebe bekommt oder zu bekommen meint, kann man immerhin die Beziehungsperson ärgern. Beim depressiven Menschen hat man oft den Eindruck, daß er sich in seine traurige Stimmung verbohrt und nicht locker läßt. Irgendwie fühlt er sich dabei stark wie ein Kind, das nicht nachgibt. Die ,Rolle' gefällt ihm im tiefsten Innern, und er trägt die Kriegskosten seines Kampfes, wenn nur die anderen mit ihren Bemühungen an ihm scheitern."[5]

Josef *Rattner* ist Arzt und Psychotherapeut und teilt genau wie Alfred Adler die Ansicht, die vielerorts auf viel Widerstand stößt, daß

– die Depression im Lebensstil des Menschen verankert ist und das zwischenmenschliche Verhalten kämpferisch und aggressiv gestalten kann;

– die depressive Persönlichkeit sehr *empfindlich* ist und schwer leidet, wenn sie kritisiert und das angeknackste Selbstwertgefühl angetastet wird;

– daß die depressive Persönlichkeit *kämpft* und alle Register zieht, wenn sie vom geliebten Partner im Stich gelassen wird;

– daß sie *Trotz, Rache und Selbstmorddrohungen* in den ehelichen Umgang einbauen kann, ihre Ziele auf unkooperative Weise durchzusetzen;

– „daß das hervorragendste Kampfmittel des Typus melancholicus behufs Hebung der Position seit seiner frühen Kindheit ist: Klagen, Tränen und traurige Verstimmung. Er demonstriert in quälendster Weise seine Schwächen und die Notwendigkeit seines jeweiligen Begehrens, um andere zu Dienstleistungen zu zwingen oder zu verleiten. Der frühzeitig erworbene Mangel an Sozialität bedingt jene eigenartige Angriffshaltung, die einem Selbstmord nicht unähnlich durch Schädigung der eigenen Person zu einer Bedrohung der Umgebung oder zur Rache schreitet."[6]

Wie diese Menschen aus einer partnerschaftsfeindlichen Haltung herausfinden können, wie sie vermeiden, die Ehe zum Kampfplatz werden zu lassen, soll in einem anderen Abschnitt dieses Kapitels besprochen werden.

Machtkampf kann Kampf um die Kinder bedeuten. Viele Ehekonflikte entstehen durch eine falsche Ehe- und Familienauffassung, denn die Achse, um die sich alle Familienbeziehungen drehen, ist die Ehe. Ist die Achse in Ordnung, gibt es weniger Familienprobleme. Ist die Eheachse gestört, kann ein Tauziehen um die Kinder beginnen. Wie können sich solche Eheschwierigkeiten auswachsen?

– *Die Kinder werden zum Partnerersatz*
In erster Linie ist es die Frau, die den Ehepartner vermißt und die Kinder mehr, als es gut ist, für sich beansprucht. Liebe, Zuwendung und der Austausch von Gedanken, die in erster Linie mit dem Ehepartner gepflegt werden sollten, beansprucht sie von den Kindern. Damit sind einige Fehler verbunden, die sich in der Sozialisation negativ bemerkbar machen;

– *Die Kinder werden überbeschützt*
Ungewollt werden sie von der Mutter manipuliert. Eine zu große Beschützung macht sie unselbständig. Schwierigkeiten werden aus dem Wege geräumt. Die Mutter denkt für die Kinder und entmündigt sie. An die verschiedensten Lebensaufgaben gehen die Kinder nur zögernd heran. Sie finden immer einen tüchtigen Beistand in der Mutter, die willig Probleme löst und die Kinder von sich abhängig macht. Die Kinder entwickeln Lebensangst, trauen sich an leichte Aufgaben nicht mehr heran. Ihre Entscheidungsfähigkeit bleibt unterentwickelt, weil Mutter für sie entschieden hat. Die Kinder werden klein gehalten und fühlen sich später noch klein. Sie werden nicht erwachsen, weil sie nicht wie Erwachsene behandelt wurden.

– *Die Kinder werden zu Komplizen*
In der Familienberatung kommen bei ehelichen Komplikationen in der Regel *Komplizenschaften* ans Tageslicht. Mütter paktieren mit einem Kind oder allen. Väter bemühen sich, ein Kind oder mehrere auf ihre Seite zu ziehen. Jeder Ehepartner benutzt seine Möglichkeiten, die Kinder für sich zu gewinnen. Der Mutter gelingt es mit Zuwendung, Zeit und Nachgiebigkeit, der Vater löst in der Regel die Probleme mit Geld. Er besticht die Kinder oder *kauft* sie sich. Eine andere Gefahr, die aus der Komplizenschaft

der Eltern mit ihren Kindern erwächst, ist eine Parteienwirtschaft in der Familie. Die Vater-Partei kämpft gegen die Mutter-Partei, die Vater-Anhänger gegen die Mutter-Anhänger. Es wird fleißig denunziert, und immer neue Auseinandersetzungen werden produziert.

– Die Kinder werden zur Erpressung verführt

Die Kinder *nutzen* den Familienkrieg und schlagen auf ihre Weise Kapital aus dem Kampf. Vielleicht haben sie sogar erpresserische Methoden von den Eltern abgeschaut. Sie haben erlebt, wie die Ehepartner sich gegenseitig unter Druck setzten. Und da der Apfel bekanntlich nicht weit vom Stamm fällt, werden die Kinder gelehrige Schüler. Ein Kind erzählt dem Vater, was die Mutter heimlich gekauft hat, ein anderes berichtet brühwarm der Mutter, was der Vater angestellt hat. Oder ein Kind geht her und verlangt einen Preis dafür, daß es schweigt, um irgendeine Schwäche des Elternteils zu vertuschen. Kinder spielen ein Elternteil gegen das andere aus. Und diese Verhaltensmuster übertragen sie ins spätere Eheleben.

Die übertriebene Beschäftigung mit den Kindern hat gleichzeitig eine Vernachlässigung des Mannes zur Folge. Der Mann beantwortet die Aktion seiner Frau mit einer Gegenaktion – nämlich mit *Flucht*. Daß die Vereinnahmung des Kindes als Kampf verstanden wird, zeigt sich an der Gegenreaktion des Mannes. Seine Flucht in den Beruf, seine Flucht in Überstunden, in Sonderaufgaben und Nebenaufgaben zeigt, daß er auf seine Weise kämpft und sich auf seine Weise rächt. Es gibt Männer, die Tätigkeiten aufnehmen, die sie tagelang von zu Hause entfernt sein lassen, die dringend eine Zweitwohnung benötigen, um sich besser beruflich entfalten zu können. Selbstverständlich gibt es *zwingende Umstände*, aber oft sind die zwingenden Umstände willkommene Ausflüchte. Der Ruf ins Ausland oder in den Außendienst wird als verlockende Aufgabe verstanden. Er kommt dem gegenwärtigen Lebensstil entgegen.

Wie können Eheleute den Machtkampf beenden?

Es gibt Kampfspiele und Kampfmethoden, die beide Partner in eigener Regie beenden können. Andere sind so schwer und tiefgreifend, daß sie nur mit Hilfe Dritter, also unter fachkundiger Anleitung, behoben werden können.

1. Beide streiten bewußt

Unter den Kampfmethoden nimmt das abendliche *Streiten* einen breiten Raum ein. Gestritten wird um alles und nichts.

Frau X. ist ein lebhafter Typ. Ihre Augen funkeln. Sie spricht mit Augen, Lippen, Mund und Händen. Sie braucht den ständigen Austausch mit ihrem Partner. Herr X. dagegen ist ein stiller, in sich gekehrter Mensch, er will abends seine Ruhe und wird nur laut, wenn seine Gattin den Frieden seiner Seele stört. Und das geschieht – wie gesagt – täglich. Am liebsten verkriecht er sich hinter der Zeitung. Frau X. beschwert sich, daß er schweigsam hinter der Zeitung sitzt und lautlos vor sich hinbrütet. Sie fragt, erzählt und wird böse, wenn er keinen Ton sagt. Jeden Abend kommt aber der Zeitpunkt, wo die Ruhe vorbei ist, dann schreit er los, und beide fallen mit Worten über einander her.

Sie: „Er hört nur mit halbem Ohr zu!"

Ich: „Und was sollte er tun?"

Sie: „Er soll die Zeitung weglegen und nur für mich dasein."

Ich habe ihnen folgendes gesagt:

„Acht Tage lang, bis zum nächsten Gespräch, nehmen Sie sich vor, es genau so wie bisher zu machen. Sie sprechen mit ihm und er liest Zeitung. (Zum Mann gewandt: Sie lassen sich nicht beeindrucken und lesen weiter. Sie werden sich sagen: ‚Verdammt noch mal, sie läßt mir keine Ruhe, ich will aber lesen.') Sie als Ehegattin werden ihm eine Szene hinlegen, die sich gewaschen hat. Sie werden ihn ankeifen, daß ihm Hören und Sehen vergeht. Gezielt werden Sie sich vornehmen, ihm die Leviten zu lesen, und er wird alle Register ziehen und Ihnen antworten."

Es handelt sich um eine therapeutische Technik, die als *paradoxe Intention* oder als *Antisuggestion* in die Therapiegeschichte eingegangen ist. Der Erfolg ist:

– Beide entdecken, daß aus dem Machtkampf ein liebenswürdiges Spiel wird;

– beide erfahren, daß *gezieltes* Streiten nicht funktioniert und sie eher zum Lachen als zum Kämpfen aufgelegt sind;

– beide unterlaufen ein kämpferisches Interaktionsspiel und werden von ihren bisherigen Wortgefechten abgelenkt.

2. Jeder ist für den Machtkampf verantwortlich

Eheliche Machtkämpfe werden durch den Irrglauben gefördert, daß das überwiegende menschliche Elend durch äußere Umstände oder durch den Lebenspartner verursacht wird. Mit diesem Irrglauben hat sich besonders der amerikanische Therapeut Albert Ellis beschäftigt. Er hält es für eine völlig unbegründete Annahme, daß das menschliche Unglück durch Umstände und andere Menschen entsteht. Wörtlich heißt es bei ihm:

„In Wirklichkeit ist natürlich fast alles menschliche Unglück *selbst*verschuldet und resultiert aus lächerlichen Annahmen und internalisierten Sätzen... Ist ein verheirateter Mensch jedoch einmal davon überzeugt, daß sein eigenes Unglück äußere Ursachen habe, gibt er unweigerlich seinem Partner und dessen Verhalten die Schuld an seiner eigenen Misere; und schon ist der eheliche Zwist fertig."[7]

Wenn der Ehepartner die ressentimentgeladenen Angriffe mit gleicher Münze heimzahlt, ist der schönste Machtkampf in Blüte. Die Antwort des Partners ist die Fehlsteuerung. Zum Kampf gehören zwei. Einer, der sich irrige Ansichten über seinen Partner zu eigen gemacht hat, und ein zweiter, der darauf reinfällt und mit ebensolchen unsinnigen Antworten pariert. *Ellis* ist fest davon überzeugt, daß eine Neurose als „unintelligentes Verhalten eines intelligenten Menschen" definiert werden muß. Unintelligent sind aber alle selbstverschuldeten Partneranklagen, die automatisch vom anderen Ehegatten gekontert werden. Die Anschuldigungen und verzerrten Antworten ergeben den neurotischen Machtkampf. *Was können die Partner tun?*

Leidet ein Ehepartner unter der zwanghaften Einbildung, die Ehehälfte sei an allem schuld, muß der andere Partner auf die Anschuldigung nicht wie ein gereizter Stier reagieren. Er muß lernen, daß es unmöglich ist, durch Worte, Gesten und Beleidigungen Schaden zu erleiden, *wenn er nicht will*. Es sind niemals die Worte und Gesten anderer, die uns Schaden zufügen, sondern unsere *eigene* Einstellung, unsere subjektive Bewertung, unsere persönliche Einschränkung. Nicht die Beleidigung bringt uns aus dem Gleichschritt, sondern unsere Interpretation der Anklage. Wir haben es in der Hand, wie wir auf Vorwürfe, Anklagen und Gemeinheiten reagieren wollen. Die *falsche* Reaktion lautet:

„Es regt mich auf, was mein Partner mir ins Gesicht geschleudert hat. Ich habe das Gefühl, ich werde wahnsinnig."

Die *richtige* Reaktion lautet, im Klartext:

„Ich rege mich auf – ich tue es selbst, indem ich *mir einrede*, daß es schrecklich und unerträglich ist, was mein Partner mir an den Kopf geworfen hat. Ich überlege mir, ob ich nicht wahnsinnig werden muß, um dem Schlag wirkungsvoll zu begegnen."

Ich bin selbst für meine Emotionen verantwortlich.

Ich entscheide, ob ich den Angriff bis unter die Haut lasse.

Ich habe den Grad der Erregung in der Hand, den ich produziere, um dem anderen seine Unverschämtheit zu beantworten.

Ich ziehe die Register, um dem anderen sein beleidigendes Handwerk zu legen.

Die Emotionen entsprechen meinen Zielen. Die Gefühle sind Werkzeuge unseres Lebensstils und unserer unverstandenen Zielsetzung. Wer die Absicht hat, auf Vorwürfe beleidigt zu reagieren, wird die entsprechenden Gefühle produzieren:

Er wird *sich ärgern,*

er wird *sich erregen,*

er wird in *Wut geraten,*

er wird die Stimme erheben und *losbrüllen,*

er wird die Fäuste ballen und sie notfalls in *Betrieb nehmen.*

Er selbst – und niemand anderes – entscheidet über seine Möglichkeiten, über seine Gefühle und Reaktionen.

3. *Die A-B-C-Theorie der Persönlichkeit*

Wie verhält sich der Ehepartner, der fertiggemacht wird? Genauer gesagt: Wie reagiert der Partner, der *glaubt,* fertiggemacht zu werden? Menschlich ist das, auf einen Schlag mit einem Gegenschlag zu antworten. Die Frau läßt ein Bombardement von Demütigungen los, die seine Männlichkeit im Kern berühren. Daß er um sich schlägt, ist verständlich, daß er damit den Kampf nur verstärkt, ist gewiß.

Gegenschläge sind falsche Argumente. Negative Reaktionen bewähren sich nicht. Dazu gehören:

– mit gleicher Lautstärke zurückschreien,

– sich dem Partner völlig entziehen,

– den Partner völlig ignorieren,

– den Partner mit logischen Argumenten zu widerlegen suchen.

Will der Ehemann seiner Frau wirklich helfen,

– kann er zunächst einmal mit ihrem Fehlverhalten *rechnen,*

– muß er sich nicht in Wut hineinsteigern,

– muß er ihr nicht wochenlang mit Ärger und Unzufriedenheit begegnen,

– kann er ihr mit Wärme und Freundlichkeit begegnen und ihr damit Gelegenheit geben, ihre *eigenen* Probleme zu lösen.

Eine Frau, die es nötig hat, ihren Ehegatten fertigzumachen, ist offensichtlich selbst unglücklich. Sie leidet und kann sich zu Recht – oder weil sie es sich einredet – gedemütigt, verraten, enttäuscht, im Stich gelassen fühlen.

Weiß der Ehemann die Hintergründe?

Kennt der Ehepartner die eigentliche Motivation ihres Kampfes?

Wahrscheinlich nicht. Aber er stürmt dagegen an und versagt. Die Versöhnung endet mit einem sexuellen Fiasko für den Mann. Um diesem besonders für den Mann entmutigenden Spiel erfolgreich zu begegnen, kann sich der Ehemann der A-B-C-Theorie bedienen, einer therapeutischen Methode, die von dem Amerikaner Albert *Ellis* entwickelt wurde. Die Theorie besagt etwa folgendes:

A ist der Reiz, der von einer Frau ausgeht, die ihren Mann runtermacht, C ist die Reaktion des Mannes, der beispielsweise mit Impotenz reagiert. Es ist aber falsch zu glauben, daß A C hervorgerufen hat, obschon viele Menschen geneigt sind, dieser Scheinlogik zu folgen. Die Wirkung C wird durch B hervorgerufen, nämlich durch Ansichten, Meinungen, Einschätzungen und Bewertungen, die der Mann *macht*, nachdem die Frau ihn runtergemacht hat. „Wir *machen* unsere Erfahrungen", sagt Alfred *Adler* und will damit andeuten, daß wir sie herstellen, daß wir sie selbst produzieren. Nicht die demütigende und fertigmachende Art der Frau hat die Impotenz des Mannes ausgelöst, sondern die falsche und irrige Meinung des Mannes:

Ich bin ein Versager,

ich genüge meiner Frau nicht,

ich werde nicht mehr geliebt,

ich werde von meiner Frau nicht mehr anerkannt.

Die irrationale Überzeugung und Einstellung des Mannes löst die sexuelle Fehlsteuerung aus. Er hat sich sein Versagen *eingeredet*, hat seiner irrationalen Überzeugung Glauben geschenkt. Von daher ist es richtig und wichtig: Nicht die Tatsachen (die Demütigungen der Frau) bestimmen unser Verhalten, sondern unsere *Interpretation*. Der neurotische Mensch ist nicht darum neurotisch, weil irgendwelche Menschen (Eltern, Großeltern, Erzieher oder Ehefrauen) ihm eine Reihe falscher Überzeugungen eingetrichtert haben, sondern weil er sich ständig aktiv mit diesen Überzeugungen reindoktriniert.

Lernt der Ehemann seine irrigen Überzeugungen in Frage zu stellen, seine Autosuggestionen mit Fragezeichen zu versehen, beginnt der Weg der Veränderung. Des weiteren muß er sich *zwingen*, die Dinge zu *tun*, vor denen er sich fürchtet. Wenn der Mann seine Frau liebt und diese Liebe *zeigt und lebt*, werden sich die Gefühle einstellen, die zur tatsächlichen Liebe gehören. Der Aphorismus von Stendhal trifft genau den Kern der Sache: „Handelst du so, *als ob* du verliebt wärst, wirst du es wahrscheinlich bald sein."

4. *Gleiche Interessen entwickeln*

Machtkämpfe und eheliche Auseinandersetzungen sind unter anderem auf den Mangel von gleichen Interessen zurückzuführen. Die Ziele der Partner laufen kontrovers. Die Liebeswege der Partner gehen auseinander. Die Gefühle der beiden sind wenig synchronisiert. Der amerikanische Professor Lowell *Kelly*, Psychologieprofessor, hat eine der gründlichsten Längsschnittuntersuchungen über Ehen ausgewertet. Er beobachtete 30 Jahre lang einige hundert Ehen und wertete sie per Computer aus. Im Jahre 1940 setzte er ein Team von Fachleuten an und wählte Hunderte von Ehen aus, die 30 Jahre später erneut sorgfältig überprüft wurden. Die Arbeit ergab wertvolle Aufschlüsse über wesentliche Faktoren für eheliche Harmonie. Als den wichtigsten Faktor einer guten Harmonie fand er *gleiche Interessen* heraus. Diese Feststellung deckt sich mit meiner Beobachtung, die ich in Klassen gemacht habe, in denen ich Sexualkundeunterricht erteilte. Wenn wir die Kriterien für eine dauerhafte gleichgeschlechtliche Freundschaft ermittelten, wurden immer wieder von den Kindern und Jugendlichen *gleiche Interessen* genannt. Kinder befreunden sich, die intensiv am Segelflug, am Sport, an Chormusik, am Tanz, am Basteln und tausend anderen Dingen interessiert waren. Das gemeinsame Ziel lockte und fesselte sie. Es ist unverkennbar, daß die eheliche Gemeinschaft auch durch gemeinsame Interessen vervollkommnet wird. Gegensätzliche Lebensanschauungen, auseinanderklaffende Wünsche und polare Empfindungen lassen wenig Raum für Übereinstimmungen. Beide müssen nicht denselben Beruf haben, um gemeinsame Interessen zu produzieren. Der Wirtschaftsfachmann und die gelernte Apothekenhelferin, die ein kleines Häuschen gebaut haben, sind zielstrebig gemeinsam auf das Projekt zugesteuert. Gemeinsam haben sie Entwürfe besprochen, Einrichtungen ausgesucht und das Projekt vom ersten bis zum letzten Handgriff begleitet. Zwei Menschen, die in ihrer Natur und Struktur völlig verschieden sind, legen sich gemeinsam einen Garten vor den Toren der Stadt an. Mit großer Liebe wird der Schrebergarten gepflegt. Gemeinsam werden Beete angelegt, Bäume gepflanzt und Sträucher gesetzt. Jedes Stück wird sorgfältig ausgewählt. Beide genießen die Wochenenden in ihrem kleinen „Paradies". Das Entscheidende – sie haben sich trotz großer charakterlicher Verschiedenheiten das Gemeinsame gesucht.

Andere verfolgen gemeinsam politische oder caritative Interessen. Ich kenne viele Paare, die sich im kirchlichen Bereich gemeinsam aktiv betätigen. Beide sind in der Gemeindearbeit aktiv, haben Leitungsfunktionen in den verschiedensten Bereichen der Ortsgemeinde und finden über diese Funktion immer wieder zusammen. Sie verfolgen gleiche Interessen und Ziele. Beide können ihre Hände falten, wenn Schwierigkeiten auftauchen, die sie aus gemeinsamer Überzeugung vor Gott tragen. Es ist für mich kein Zweifel, daß diese Ehen besser als andere verlaufen, daß Probleme leichter als in anderen Partnerschaften gelöst werden. Auch aus der Beratungspraxis kann ich bestätigen: Eheleute, die in Machtkämpfe verwickelt sind, die sich zum Teil aus ihrer Wesensstruktur entwickelt haben, finden schneller wieder zusammen, wenn sie sich als Christen auf ein gemeinsames Lebensziel aus Gott und mit Gott zu leben verpflichtet fühlen. Der gemeinsame Glaube unterstreicht ihren Willen zur Veränderung. Beide gehen gezielter an die Arbeit in der Beratung. Eheleute sollten spätestens einige Jahre vor dem erwarteten Weggehen der ersten Kinder aus dem Haus damit beginnen, gleiche Interessen ausfindig zu machen, um die spätere Ehegemeinschaft – ohne Kinder – fruchtbar zu gestalten. Ziellosigkeit, Sinnlosigkeit und Langeweile sind Faktoren, die Ehestörungen erheblich verstärken und Machtkämpfe fördern. Die Witwe des bedeutenden amerikanischen Psychiaters Dr. William C. *Mennenger* schrieb vor einigen Jahren über einige Regeln des Ehelebens, u. a. über gemeinsame Interessen:

„*Nach gemeinsamem Interesse suchen*. Wenn der Gedankenaustausch zwischen Eheleuten so wichtig ist, braucht man – abgesehen von der gemeinsamen Wohnung – etwas, was man mit dem anderen teilt.

Da war beispielsweise die Briefmarkensammlung meines Mannes, ein Hobby, das ich früher als Kinderkram verspottet hatte, bis ich entdeckte, was die meisten Frauen einmal entdecken müssen: Wenn mir wirklich etwas am Gespräch und am Zusammensein mit meinem Mann lag, mußte ich ihm auf halbem Wege entgegenkommen. Oft half er mit beim Geschirrspülen (obwohl er's im Grunde haßte), damit wir uns zusammen mit den Marken beschäftigen konnten. Beim Ordnen und Bestimmen dieser Marken haben wir manches Problem gelöst, uns gemeinsam gefreut und zuweilen unsere Sorgen vergessen."[8]

5. Wie aktives Zuhören Machtkämpfe vermeidet

Viele Wortgefechte, die in häßliche Machtkämpfe übergehen, kommen dadurch zustande, daß die Partner nicht aufeinander hören. Sie kommentieren das, was sie hören wollen und glauben, herausgehört zu haben. Sie werfen dem anderen ihre Vorurteile an den Kopf. Sie diskutieren einseitig aus ihrem Blickwinkel. Im Grunde halten beide Eheleute Monologe. Die Wortgefechte sind keine Antworten auf die Argumente des anderen, sondern Scheingespräche. Was können beide Partner tun?

Schon zur Zeit Luthers gab es für Disputationen eine Spielregel, die zu geistlichem Hören und freiem Antworten nötigte. Josef *Pieper* beschreibt diese Spielregel genauer:

„Niemandem war es gestattet, auf einen Einwurf des Gesprächspartners unmittelbar zu antworten; vielmehr mußte er vorher den gegnerischen Einwand mit eigenen Worten wiederholen und sich ausdrücklich vergewissern, daß der andere genau das gleiche meint. (Man stelle sich einen Augenblick lang vor, solch eine Regel würde heutigentags wieder Verbindlichkeit erlangen ... Es ist gar nicht auszudenken, welch eine Reinigung der Atmosphäre dies für die öffentliche Diskussion bedeuten würde.)"[9]

In der Eheberatung wird diese Technik angewandt, wenn die Kommunikation beider Partner hoffnungslos auf dem Nullpunkt angelangt ist. Das geht so vor sich, daß der eine Partner alle Wünsche, Vorstellungen und Bedürfnisse äußert, ohne daß ihn der Ehegatte unterbrechen oder korrigieren darf. Hat er alle Gedanken geäußert, muß der andere wiederholen und versuchen, alle wesentlichen Aspekte mit seinen Worten zu formulieren. Er kann hierbei vom Ehepartner unterbrochen werden, wenn der glaubt, daß seine Vorstellungen verzerrt interpretiert wurden. Nur Fragen an den Partner sind gestattet:

„Habe ich dich richtig verstanden?"

„Gebe ich das so wieder, wie du das gemeint hast?"

„Treffe ich den Kern deiner Gedanken?"

Diese *Übung* hilft den Eheleuten, sorgfältig auf den anderen zu hören und die Meinungen stehenzulassen. Gegenargumente werden grundsätzlich nicht zugelassen, weil sie sofort den Kampf auflodern lassen. Der Partner lernt,

- die Ansichten des Ehegatten zu respektieren,
- die für ihn uneinsichtigen Vorstellungen ernst zu nehmen und widerspruchslos anzuhören,
- die uneinfühlbaren Argumente in sich aufzunehmen und ernsthaft darüber nachzudenken,
- die spontanen Gegenargumente zu bremsen und dem leidenschaftlichen Widerspruchsgeist freien Lauf zu lassen.

Die Mimose und der Dickhäuter

Die Ehekonstellation, die wie ein Schlüssel zum Schloß paßt, ist das Gespann Mimose und Dickhäuter. In der Regel verkörpern Frauen die Mimosen und Männer die Dickhäuter. Selbstverständlich sind die Eigenarten vom Geschlecht unabhängig.

Frau Hellmann sucht die Eheberatung auf und läßt ihrer Unzufriedenheit freien Lauf. Sie ist heute 25 Jahre alt, vier Jahre verheiratet und ihr Mann sechs Jahre älter. Die Frau spricht leidenschaftlich und engagiert, und alles klingt lückenlos glaubhaft.

„Mein Mann ist dickfellig. Der hat überhaupt kein Feingefühl. An seiner Elefantenhaut prallt alles ab. Kein bißchen Gespür für feine Töne, und ich bin nun mal empfindsam! Diese mangelnde Feinempfindlichkeit kränkt mich ungemein. Ich fühle mich als Frau mißachtet."

Acht Tage später kommt der Ehemann.

„Meine Frau ist überempfindlich wie eine Mimose. Wenn nicht jedes Wort gleich registriert wird, ist sie sauer. Soviel Ohren habe ich leider nicht, daß ich alles auffassen könnte, was sie ernst genommen haben will. Am liebsten sähe sie, wenn ich mich vierteilen würde."

Beide haben recht, und beide erleben ihre Ehe als Qual. Allerdings machen beide *den andern* verantwortlich und kommen keinen Schritt weiter.

Wie finden solche Menschen zusammen?

Was hat sie angezogen? Es klingt simpel, aber die gegenseitige Anziehung beruht weitgehend auf folgendem Prinzip: Sie *benutzt* ihre Überempfindlichkeit, um Liebe und Zuneigung zu ergattern. Er war ältestes Kind, hatte eine Schwester, die sieben Jahre jünger war und von ihm verwöhnt wurde. Ohne sich darüber klar zu sein, wählte er in seiner Lebenspartnerin die kleine Schwester, die er verwöhnen konnte und die ausgiebig von diesem Vorrecht Gebrauch machte.

Niemals bestanden zwischen Bruder und Schwester Rivalität und Eifersucht. Die kleine Schwester verstand es meisterhaft, den älteren Bruder zu aktivieren, für sie dazusein. Sie ließ sich unbewußt tausend Dinge einfallen, um den Bruder in Anspruch zu nehmen. Der Mann kennzeichnete sie als „charmante Nervensäge". Wenn die Anspruchshaltung der Kleinen den normalen Rahmen sprengte, schaltete er ab. Seine Ohren waren „auf Durchzug" eingestellt. Der ältere Bruder blieb gleichgültig und dickfellig. Und genau diese Haltung brachte später seine junge Frau zur Weißglut. Er hatte eine Partnerin gesucht und gefunden, bei der er seine eintrainierte Verwöhnungstaktik weiter praktizierte. Nur wenn er sich maßlos ausgenützt fühlte, prallten alle liebevollen und tyrannischen Ansprüche an ihm ab. Und das war das Betrübliche, die Frau konnte ihre Ansprüche bis zum Terror steigern. Von Charme war weit und breit nichts zu spüren. Das stieß ihn ab. Er schaltete völlig ab, und sie erlebte ihn als gefühllosen Partner.

Die Frau reagierte darum so fassungslos, weil sie in ihrer Kindheit jeweils ihre Eltern umstimmen konnte. Die Eltern hatten sich ihrem Überanspruch hilflos gebeugt. Nur ihr Mann spielte dieses effektvolle Spiel nicht mit. Frau Hellmann fand das selbstredend unerträglich und reagierte empört.

Ein wirkungsvolles Ehekampfspiel

Hellmanns haben ein dramatisches Ehekampfspiel in Szene gesetzt. Die Ehefrau reagiert überempfindlich. Sie sagt es von sich selbst. Überempfindlichkeit ist aber keine Krankheit, wie viele Menschen uns gern glauben machen möchten. Sie ist in erster Linie ein *Verhaltensmuster*, eine Durchsetzungstechnik. Was bezweckt der Überempfindliche? Wie reagiert der Partner? Wie verhalten sich die Kinder?

Ein Satz des Ehemannes kennzeichnet die Durchsetzungstechnik teffend: „Meine Frau ist ein full-time-job" (Sie nimmt mich vollberuflich in Anspruch). Der Überempfindliche benutzt – selbstverständlich unbewußt und nicht boshaft – seine Mimosenhaftigkeit, um Mann und Kinder in Atem zu halten.

Ständig müssen die andern Rücksicht nehmen, müssen sich anpassen, aufpassen und Gedanken machen. Dem Überempfindlichen ist nichts gleichgültig. Jede Kleinigkeit hat für ihn Gewicht. Er ist ja äußerst hellhörig in bezug auf sich selbst, er ist oft taub gegen andere. Sein Wesen ist ich-haft, egoistisch und selbstbezogen. Daher ist er schnell eingeschnappt und beleidigt. „Die andern haben was gegen mich!"

Er versteht es, auf sich aufmerksam zu machen, zu manipulieren und lautstark zu demonstrieren. Meisterhaft versteht es der Überempfindliche, dem anderen Schuldgefühle einzujagen. Seine Forderungen rufen ein schlechtes Gewissen hervor. Das wiederum mobilisiert die Kräfte der Zuwendung, Fürsorge und Anteilnahme. Was will der Überempfindliche seiner Umgebung signalisieren? In Klartext heißt seine Botschaft:

„Ich bin leicht kränkbar, gib acht, was du tust und was du sagst. Ich bin etwas Besonderes. Gib dir Mühe, daß du mir nicht weh tust! Streng dich an, mich mehr zu akzeptieren als bisher. Du kannst gar nicht rücksichtsvoll genug sein." Und was bezweckt der Dickhäuter mit seiner Gleichgültigkeit? Er will in Ruhe gelassen werden. Schon in jungen Jahren hat er sich eine Lederhaut zugelegt, die die unzähligen Nadelstiche der Empfindlichen ohne Zuckungen erträgt. Wenn Partner, Eltern, Kinder oder Chefs ihn dreimal etwas gefragt haben und er bleibt ohne Reaktion, erledigen die Beteiligten in der Regel die Sache selbst. Das will er. Die Abwehr hat funktioniert. Er hört nicht, weil er nicht hören will. Er reagiert nicht, weil er nicht reagieren will. Der Dickhäuter verfolgt eine wirksame Ermüdungstaktik. Der „Gegner" gibt irgendwann auf und resigniert. Das ist die Stunde des Dickhäuters. Das Ziel ist erreicht, er wird in Ruhe gelassen. Deutlich wird: Mimose und Dickhäuter liegen im Kampf. Empfindlichkeit ist eine Waffe, das gleiche gilt für Dickfelligkeit.

Beide Partner müssen die destruktive Taktik ihres Verhaltens erkennen und korrigieren. Wer diesen unterschwelligen Machtkampf nicht erkennt, kann eines Tages vor den Trümmern seiner Ehe stehen.

Beide Ehepartner tragen die Verantwortung für ihr Tun

Wie kommt es eigentlich, daß viele Menschen, die ihre problematischen Verhaltensmuster durchschaut haben, sich nicht grundlegend ändern? Antwort: Sie wollen nicht, weil sie *glau-*

ben, nicht zu können. Dem Ehepaar Hellmann ergeht es nicht anders. Die Ehefrau sagte verschiedentlich in der Beratung – und es ist ein Lieblingssatz vieler Menschen –: „Ich kann nicht aus meiner Haut." Sie wollen damit ausdrücken, daß sie ihren Charakter wie ihre Augenfarbe oder Schuhgröße hinnehmen müssen. Stimmt das wirklich, daß der Mensch an seine Eigenarten und Leidenschaften gebunden ist? Es stimmt selbstverständlich nicht. Der Mensch ist das instinktärmste Wesen, er besitzt den größten Freiheitsspielraum unter allen Lebewesen. Er ist das einzige Wesen, das Verantwortung tragen kann.

Mann und Frau Hellmann haben sich für ihre individuellen Verhaltensmuster in relativer Freiheit entschieden. Sie haben sich an diese Kommunikationsmuster gewöhnt, und sie können sie in Grenzen wieder austrainieren. Berufen sie sich allerdings auf die Vererbung und auf die „Haut", aus der *man* nicht aussteigen kann, bleibt alles beim alten.

Einsicht ist zwar der erste Schritt auf dem Wege zur Besserung, aber wird auch der erste bleiben. Die nächsten Schritte werden nicht folgen, weil die Überzeugung fehlt, weil die Ausrede so glaubhaft klingt, weil die Berufung auf die angeborenen Anlagen die Verantwortungsbereitschaft im Keim erstickt.

Vor kurzem las ich einen interessanten Aphorismus, der unseren Gedankengang treffend wiedergibt:

Wir können zwar nicht völlig aus unserer Haut, aber wir können Hautpflege betreiben.

Verheiratet mit einem
fotografischen Gedächtnis

Ehepartner, die Mimosen gleichen, gibt es in verschiedenen Schattierungen. Eine Sonderform, die hier zur Sprache kommen soll, sind die „Nachempfindlichen". Nachempfindliche Menschen *tragen nach.*

Probleme aus der Mottenkiste

Es gibt Menschen, die eine große Lust verspüren, alte Dinge neu zu erleben. Sie kramen gern in der Vergangenheit und machen Totes wieder lebendig. Meisterhaft verstehen sie es, Altes wieder aufzuwärmen. Alfred *Adler* kennzeichnet diese Menschen so:

„So sehen wir andererseits Erscheinungen in der Neurose auftreten, die man als eine ‚Nachempfindlichkeit' charakterisieren kann. Solche Patienten können einen schmerzlichen Eindruck nicht verwinden und sind nicht imstande, ihre Psyche aus einer Unbefriedigung loszulösen, sich mit dem Leben und seinen Einrichtungen, sich mit den Menschen zu versöhnen. Man hat den Eindruck von eigensinnigen, trotzigen Menschen, die es nicht vermögen, durch kulturelle Aggression Ersatz zu schaffen, sondern starr und fest ‚auf ihrem Willen' bestehen. Und dies in jeder Sache und über ihr ganzes Leben hinaus. Gerechtigkeitsfanatiker und Querulanten weisen immer diesen Zug auf."[1]

Die Nachempfindlichkeit ist in der Regel eine Überempfindlichkeit. Es besteht ein großer Unterschied zwischen Überempfindlichkeit und Sensibilität. Sensibilität hat nichts mit fehlerhaftem Verhalten zu tun. Sensibilität heißt Feinfühligkeit. Der feinfühlige Mensch kann zart, behutsam, einfühlend und hellhörig für feinste Seelenregungen sein. Er hat ein besonderes „Fingerspitzengefühl". Mit anderen Worten: positive Eigenschaften.

Der Überempfindliche dagegen reagiert hellhörig *in bezug auf*

54

sich selbst, er ist taub gegen andere. Sein Wesen ist ichhaft, egoistisch und hochgradig selbstbezogen. Er ist schnell reizbar und
kränkbar. Er ist schnell beleidigt und eingeschnappt. Er hat ein
lädiertes Verhältnis zur Umwelt. Über- und Nachempfindlichkeit wird sehr wahrscheinlich nicht vererbt oder ist konstitutionell bedingt. Sie erwächst aus der frühkindlichen Sozialisation
und entwickelt sich aus zwischenmenschlichen Beziehungen zu
Vater, Mutter und Geschwistern.

Der Schmutzdetektiv

Frau Marianne W. ist eine *nachtragende* Mimose. Ihr Mann hat
die Beratung aufgesucht, weil ihm das Nachtragen buchstäblich
die Luft zum Atmen nimmt. Gezielte kleine Nadelstiche treffen
ihn Tag für Tag, wenn seine Frau ihm Versäumnisse von gestern
und vorgestern vorrechnet. Das Reservoir seiner Frau ist uner-
schöpflich. Der Ehefriede ist meist abwesend, weil Frau Marianne seine Bosheiten von vorgestern noch mit ihm durchspre-
chen muß. Je zerknautschter er sich zeigt, desto befriedigter kann
dann noch der Rest des arbeitsreichen Tages verlaufen.

Frau W. ist 28 Jahre alt, hat schon etliche zerbrochene Partnerbeziehungen hinter sich. Sie ist krankhaft nachtragend und
quält damit ihren Mann. Sie ist erst drei Jahre mit ihm verheiratet,
aber die Ehe hat schon einige Male vor dem Bruch gestanden.
Frau Marianne verteidigt sich arglos:

„Ich bin nun mal so. Gegen mein Gedächtnis bin ich machtlos.
Mir bleiben alle Einzelheiten haften. Ich kann nichts dafür. Mein
Mann versteht das nicht und ist beleidigt, wenn ich alte Sünden
hervorkrame. Aber das möchte ich betonen: Die Dinge, die ich
herauskrame, wie er es nennt, stimmen alle mit Punkt und
Komma. Darauf können Sie sich verlassen!"

Für den Mann stellt sich die Sache so dar:

„Meine Frau ist nur glücklich, wenn sie in der Mottenkiste
kramen kann. Und das tut sie meistens. Jedes falsche Wort, das
ich zur falschen Zeit irgendwo gesagt habe, läuft mir nach. Sie
registriert alles. Ihr Gedächtnis ist wie eine Filmkamera. Ich
brauche nur den Mund schief zu verziehen und den kleinsten
Unmut zu äußern, sofort summt die Kamera und das Tonband
läuft. Sie ist ein Echo mit Spätzünder. Einige Tage, Wochen oder
Monate später spiegelt sie mir sämtliche Sünden wieder vor. Das

Gemeine ist: Die Dinge stimmen tatsächlich. Ich kann nur schweigen und artig zustimmen. Was mich am meisten fertigmacht, ist, wenn sie in höchster Erregung scheinheilig fragt: ‚Stimmt die Sache etwa nicht?‘ Damit treibt sie mir den Mund zu. Verstehen Sie, daß meine Wut ganz tief innen sitzt und ich mich vollkommen hilflos fühle?“

Was zeigt uns diese Ehekonstellation?

1. Frau Marianne W. *verharmlost* ihr Problem. Gleichzeitig zieht sie sich verantwortungslos aus der Affäre. Sie beruft sich auf die *anlagebedingte* Seite ihres Gedächtnisses. Ihr lückenloser Registrierapparat sei nicht ihr Werk, Gott oder die Natur hätten ihn ihr in die Wiege gelegt. Sie lebe lediglich, was sie mitbekommen hätte. Frau Marianne muß lernen, daß sie weder ihre Eigenart – „Ich bin nun mal so“ – noch ihrem Gedächtnis die Schuld für ihr liebloses Verhalten in die Schuhe schieben kann. Sie ist selbst voll verantwortlich. Die Verantwortung, das Schicksal und das oft beschworene Es in uns sind brauchbare Ausreden, um uns vor jeglicher Verhaltensänderung zu drücken.

Das „fotografische Gedächtnis“ der Frau W. ist Ausdruck ihres bestimmten Lebensstiles. Ihre Überlegenheit spiegelt sich in ihrem phantastisch funktionierenden Gedächtnis. Unser Gedächtnis ist keine Computeranlage, die alle Reize und Impulse lückenlos speichert und alle Informationen auf Knopfdruck bereithält. Unser Gedächtnis arbeitet *auswählend*. Es gehorcht unserem Lebensstil. Es bietet die Informationen an, die ins Konzept unseres selbstgeschaffenen Lebensstils passen. Alfred *Adler* hat diesen komplizierten Vorgang so gedeutet:

„In diesem Verdauungsprozeß (Aufnahme und Auswahl von Reizen und Informationen, der Verfasser) bleibt übrig, was wir Erinnerung nennen wollen, ob es sich nun in Worten, in Gefühlen oder in Stellungnahmen zur Außenwelt ausdrückt. Dieser Prozeß umfaßt ungefähr das, was wir unter Funktion des Gedächtnisses verstehen. Eine ideale objekte Reproduktion, unabhängig von der Eigenart des Individuums, existiert demnach nicht. Wir müssen deshalb damit rechnen, ebenso viele Formen von Gedächtnissen zu finden, als wir Formen von Lebensstilen anerkennen.“[2]

2. Frau Marianne W. kann gern alle Dinge sorgfältig im Ge-

dächtnis aufbewahren. Aber für die Kurskorrektur ihres frag-würdigen Lebensstiles gilt: Sie ist *nicht* gezwungen, die vergangenen Sünden immer wieder ans Licht zu zerren. Sie könnte schweigen. Aber sie will nicht schweigen. Ihr verteufelt gutes Gedächtnis ist ihr eine gute *Waffe*, um den Mann zu zügeln. Frau Marianne benutzt ihr fotografisches Gedächtnis, um den Mann zu beherrschen. Meisterhaft versteht sie es, die Lieblosigkeiten und Bosheiten verbal zu spiegeln. Sie triumphiert, und er steht da wie der begossene Pudel. Er kann nur „beschämt" schweigen und artig zustimmen.

3. Frau Marianne benutzt ihr Gedächtnis, um zu herrschen. Schon als Kind war sie als „Petzer" in der Familie bekannt. Jeder Streit ihrer Geschwister wurde registriert und den Eltern hinterbracht. Als Kind lernte sie, die Schwächen anderer auszunutzen und für sich zu kapitalisieren. Sie war unter den Geschwistern gefürchtet, und die Eltern stellten sie als gutes Kind heraus.

Als mittleres Kind unter zwei Brüdern kämpfte sie mit ihren Waffen und verschaffte sich Überlegenheit. Beide Brüder waren unordentlich, kamen mit schmutzigen Sachen ins Haus, ließen die Türen offen und Licht brennen, räumten ihre Zimmer nicht auf und bekamen regelmäßig Vorhaltungen von ihren Eltern. Frau W. entwickelte ein Gespür für Sauberkeit. Sie machte sich nicht schmutzig, wurde deshalb in der ganzen Nachbarschaft als Vorbild hingestellt und war auf diese Charaktereigenschaft nicht wenig stolz. Ihre Art brachte die Brüder fortlaufend in Zorn. Wo sie ihre Schwester erwischen konnten, wurde sie verprügelt. Das stachelte sie noch mehr an, Gemeinheiten der Brüder auszuplaudern. Ihre Wachsamkeit für Übertretungen aller Art kannte keine Grenzen.

4. Frau W. benutzt auch ihre nachtragende Empfindlichkeit, um den Ehemann zu größerer Liebe und Hingabe anzuspornen. Sie hat sich als Kind nicht genug geliebt gefühlt, und im Grunde bewunderte sie ihre Brüder, die leicht und gleichgültig die täglichen Aufgaben und Pflichten erledigten. Sie beneidete die lebensfrohe Grundstimmung, das gelöste Verhalten und das Unbekümmertsein. Genau das fand sie in ihrem Mann wieder. Herr W. ist in der Tat der Lebensfrohe, der Genießer, der Leichtlebige, der fünfe gerade sein läßt und Kleinigkeiten übersieht. Die gegenseitige Anziehung ist begründet. Die unbewußten Wünsche und Ziele auf beiden Seiten entsprechen sich.

5. Herr W. war zweites Kind und von klein auf als „Schlu-

drian" in der Familie bekannt. Der Älteste, ein sauberer und gewissenhafter Bruder, war das Vorbild an Sauberkeit und Gerechtigkeit. Herr W. haßte und verehrte ihn zugleich. Er wäre gern so gewissenhaft und gründlich, so sauber und gerecht gewesen. Die Umstände waren nicht so, und Herr W. *entschied* sich für eine Gegenposition. Im Herzen bewahrte er aber ständig das Bild vom sauberen Bruder. Für die Partnerwahl gab diese unbewußte Sehnsucht zweifellos den Ausschlag. In der Jugendgruppe einer Parteiorganisation lernte er dann die zukünftige Frau kennen, und ihre Geradlinigkeit imponierte ihm. Sie war immer korrekt, kämpfte in der Jugendarbeit gegen alles Lasche und Unordentliche an. Es war daher auch kein Zufall, daß Frau W. in der Jugendorganisation der SPD das Referat „Umweltschutz" bekam. Sie verwaltete das Amt vorbildlich. Was sie an Vorschlägen und Initiativanträgen vorbrachte – gründlich vorbereitet und durchdacht –, beschäftigte oft viele Stunden lang den Ortsvorstand der Partei. Was sie machte, machte Frau W. gründlich. Unter der Hand legte man ihr den Spitznamen „Schmutzdetektiv" zu. Der Spitzname verrät, daß sie nicht die Beliebteste in der Jugendgruppe war.

Ihre Krankheit, ihre spitzen Bemerkungen und ihre gezielte Kritiksucht ärgerte viele Gruppenmitglieder. Herr W. fand ihr Verhalten mutig und lobte ihre Zivilcourage. Das wiederum erweckte in Frau W. Liebesgefühle, und die Dinge nahmen ihren Lauf. Nach einem Jahr Bekanntschaft, die über kleine Zärtlichkeiten nicht hinausging, heirateten beide. Herrn W. gingen die Augen auf, *welchem Ideal* er sich verschrieben hatte. Was er überschwenglich gelobt und verehrt hatte und was in seinem tiefsten Innern als unerfüllter Wunsch verborgen lag, wurde ihm buchstäblich in bedrohlicher Perfektion in die Arme gedrückt. Was er selbst einmal gern angestrebt hätte, wurde ihm jetzt zur schrecklichen Last. Seine Frau übertraf den ältesten Bruder bei weitem. Sie war noch unangenehmer, noch gründlicher, noch sauberer und vor allem – noch *nachtragender*.

6. Die Ehe hat wenig mit echter Partnerschaft gemein. Der Mann fühlt sich ständig kritisiert. Ein Inquisitionsgericht läuft ihm pausenlos nach. Zu Hause leidet er unter Atembeschwerden. Er hat schon einige Ärzte konsultiert, die nichts Ernsthaftes feststellen konnten. Sie haben ihm lediglich Beruhigungsmittel verschrieben. Zeitweise nahm er Adumbran, morgens und abends eine Tablette. Ihm fällt während des Gespräches erst auf, daß er

nur zu Hause von den Beruhigungsmitteln Gebrauch macht. Im Betrieb und in der Öffentlichkeit treten die Beklemmungssymptome nicht auf. Zu Hause reißt er die Fenster auf, muß abends vor dem Schlafengehen noch frische Luft schnappen und achtet übertrieben darauf, daß die Luftbefeuchter an den Heizungen mit Wasser gefüllt sind.

Die partnerschaftliche Kommunikation in der Ehe kann verbessert werden. Frau W. ist zweifellos der schwierigere Teil. Sie muß lernen, daß sie ihre Nachempfindlichkeit erheblich bremsen muß und daß sie es nicht nötig hat, tausend Untaten wie ein Schmutzdetektiv aufzuspüren, um sich daran zu befriedigen. Herr W. liebt im Grunde seine Frau, weil sie – wenn auch übertrieben – etwas verkörpert, was er zeitlebens nicht realisieren konnte.

Der Narzißt und sein Schmuckstück

Liebe geht verschlungene Wege, aber immer offenbart sich in ihr der persönliche Lebensstil, das individuelle Verhaltens- und Denkschema eines Menschen. Was wir *brauchen* und was wir immer bezwecken möchten, schimmert durch unsere Partnerwahl hindurch. Wenn die Liebe intakt ist, bewährt sie sich innerhalb einer Partnerbeziehung als beglückende *Bedürfnisbefriedigung*. Das klingt nicht sehr poetisch, entspricht aber der Realität. Das Zauberwort Liebe, das oft mit viel Romantik, Rausch und Ekstase verzuckert wird, entpuppt sich im sogenannten rauhen Alltag als viel hausbackener und pragmatischer. Die Liebe will nicht nur schenken, sie will vor allem auch *haben*. Dieses *Habenwollen* – das zweifellos zu jeder normalen und guten Personenbeziehung dazugehört – kann allerdings extreme Formen annehmen. Der Partner wird dann ausgenutzt,
der Partner wird dann *mißbraucht*,
der Partner wird dann *degradiert*,
der Partner wird dann *erniedrigt*.
Der Individualpsychologe Fritz *Künkel* hat diesem „Ehetyp" einige Aufmerksamkeit gewidmet und ihn so beschrieben:
„Jeder Mensch lebt heute in der Gefahr, seine Mitmenschen als Nur-Objekt zu benutzen. Die ursprüngliche Wirhaftigkeit, die den Naturvölkern zwangsläufig und sonst unveräußerlich anhaftet, kommt in unserer europäisch-amerikanischen Kultur nur noch als Überrest der frühen Kindheit hier und da zur Geltung... Darum haben wir die Beziehung S–O (Subjekt–Objekt), die ausnahmslos dazu führt, daß der Partner wie jedes andere Objekt zu einem Mittel im Dienste der subjektiven Ziele erniedrigt wird ... Seine einzelnen Organsysteme werden in dieser oder jener Kombination zum Funktionieren gebracht. Nur als ganzer Mensch, als wirklicher Partner, darf er nicht auftreten."[1]

Je egozentrischer sich ein Partner gebärdet, desto mehr stellt er den anderen in seinen Dienst. Er läßt ihn nicht Partner sein, Lebensgefährte, der *gleichwertig* mit ihm das Leben teilt. Er benutzt ihn. Die deutsche Sprache drückt mit bemerkenswerter Klarheit dieses Verhalten aus: Der Mitmensch wird zum *Liebes-Objekt*, zum *Trieb-Objekt*, zum *Lust-Objekt* oder zum *Vergnügungs-Objekt*. Die Beziehung auf dieser Ebene ist völlig versachlicht, ja sie ist im wahrsten Sinne des Wortes un-menschlich geworden.

Harry braucht Applaus

Wie un-menschlich eine Beziehung werden kann, dafür ist Harry ein Beispiel. Er ist 36 Jahre alt, schon dreimal geschieden und sucht das erste Mal eine Beratung auf, weil ihm Zweifel an seiner eigenen Lebensweise gekommen sind. Fassungslos hatte er dagestanden, als eines Tages die Ehefrau die Koffer packte und adieu sagte. Nicht er ließ sie sitzen, sie hatte ihn sitzenlassen. Dabei war er großzügig wie kaum ein Ehemann, hatte sie verwöhnt mit schönen Sachen und mit teuren Geschenken zufriedengestellt.

„Ich bin aus der Modebranche. Da muß man schon großzügig sein. Kleinlich bin ich in keiner Beziehung. Auch mit kleinen Seitensprüngen nicht. Die sehe ich nicht und fertig. Natürlich weiß ich von Abenteuern meiner Frau. Aber was soll's? Ich bin auch kein Kind von Traurigkeit. Wir genehmigen uns kleine Fehltritte. Unsere Herzen berührt das nicht."

Meint Harry. Er spricht über solche Ausrutscher wie über ein Saufgelage. Das Herz bleibt unbeteiligt und die Seele unberührt. Harry hat nie eine innige Herzensgemeinschaft gesucht. Seine Botschaften, die er in der Kindheit gehört hat und die er sich einverleibt hat, laufen auf etwas anderes hinaus. Er will bewundert werden, und eine attraktive Frau an seiner Seite kann solchen Lebenszielen nur förderlich und dienlich sein. Kinder hat er keine.

„Wissen Sie, Kinder stören die Ehe, meine ich immer. Man wird von ihren Sorgen und kleinen Wünschen aufgefressen. Selbst bleibt einem nichts."

Ich: „Hat Ihre Frau niemals den Wunsch geäußert, Kinder zu haben?"

Er: „Schon. Aber ich habe ihr das ausgeredet. Ich bin das dritte Mal verheiratet. Irgendwie habe ich die falsche Brille aufge-

61

habt. Die Frauen wollten schon, aber ich war der Meinung, die Belastung ist zu groß. Sie waren damit einverstanden."

Ich: „Oder haben sie sich damit abgefunden?"

Er: „Wahrscheinlich kommt das der Sache näher. Kinder wollten sie alle, aber ich hatte tatsächlich meine Meinung. Und da bin ich auch hart geblieben, obschon ich sonst sehr nachgiebig sein kann."

Harry kann nachgiebig sein, wenn es ums Geld geht. Wenn die Ehefrau schicke Sachen braucht, Pelzmäntel, Schuhe und Kleidung nach dem letzten Modeschrei, dann hat Harry eine offene Hand. Alle drei Frauen waren davon entzückt und ließen sich gern *bemänteln*. Die Probleme der Ehe wurden damit buchstäblich *verkleidet*. Denn hinter der pelzgefütterten oder seidigen Fassade schauten die Dinge anders aus.

Harry ist Chefeinkäufer eines großen Modehauses. Er sieht blendend aus, im Sommer und Winter braungebrannt. Im Winter hilft er mit Höhensonne nach, um sein Image aufzubessern. Seine Anzüge spiegeln den neuesten Schnitt wider. Er wechselt sie wie die Hemden und trägt dazu die erlesensten Krawatten. Er fährt einen Riesenwagen der Nobelklasse.

Er: „Ein bißchen üppig, ich weiß. Aber in meiner Stellung brauche ich das. Die Kunden müssen den Eindruck haben, daß was dahintersteckt. Geld besticht. Geld beeindruckt."

Ich: „Nur Ihre zwei geschiedenen Frauen waren eines Tages nicht mehr davon beeindruckt, oder?"

Er: „Ja, das ist eine Sache, die ich nicht verstehe! Sie haben sich in neuen Sachen geaalt. Ich kam ja billig dran. Immer, wenn Modeschauen gewesen waren, wurden die Schaustücke, die an zehn Orten vorgeführt worden waren, wesentlich günstiger abgegeben. Und so sind die Schmuckstücke drangekommen."

Ich: „Ich darf das Wort aufgreifen, nämlich Schmuckstück. Verbinden Sie etwas mit der Vokabel?"

Er: „Meine Frau ist mein Schmuckstück. Hm, darüber habe ich noch nicht nachgedacht. Aber sie ist es wirklich."

Ich: „Vielleicht lohnt es sich, einmal darüber nachzudenken, was Sie mit dem Wort ‚Schmuckstück‘ alles verbinden?"

Er: „Kommt ziemlich überraschend. Ich denke dauernd über ausgefallene Sachen nach, über was Totschickes, über die Sachen, die super sind – ich weiß nicht, ob Sie mich verstehen –, und das ist, was mich fasziniert."

Ich: „Sie lieben also das Ausgefallene."

Er: „Ja, es muß schon was Besonderes sein, nur so ein ‚ganz hübsch' ist mir zu wenig. Ich brauche Spitzenklasse. Die Leute müssen stehenbleiben und weg sein. Dann habe ich ins Schwarze getroffen."

Ich: „Möchten Sie das von Ihrer Frau auch sagen können?"

Er: „Eine Frau muß ein aus dem Rahmen fallendes Schmuckstück sein. Jetzt, wo ich darüber spreche, wird mir das klar."

Von Partnerschaft ist keine Rede

Harry ist ein Karrieretyp. Sein Lebensstil lautet: „Ich muß bewundert werden. Nur das Außergewöhnliche hebt mich heraus." Er muß glänzen und im Mittelpunkt stehen. Alle Mittel sind ihm dazu recht. Schon als Junge bemühte er sich um die attraktivsten Mädchen und war stolz, wenn er die Schönste – nach Meinung der anderen – als seine Freundin bezeichnen konnte. Die Freundschaft interessierte ihn wenig. Ihm ging es ums Prestige. Sein erstes frühkindliches Erlebnis gibt unnachahmlich seinen Lebensstil wieder. Er berichtet:

„Ich bin etwa 4 Jahre alt. Mein Vater hat mir einen Drachen gemacht. Ich bin stolz. Er ist der größte und farbenprächtigste weit und breit. Alle bewundern ihn. Und dann steigt er in die Höhe. Es stehen viele Leute da herum und schauen nach oben. Mein Vater und ich halten die Leine: Der Drachen muß sehr hoch gestiegen sein. Einige Kinder sind sehr neidisch."

Auf die Frage nach dem Hauptgefühl dieser Erinnerung antwortet Harry typisch: „Einmalig".

Harry ist einmalig. Und er braucht eine einmalige Frau, ein Schmuckstück, das seinen Wert erhöht. Die anderen Menschen sollen vor Neid erblassen, wenn Harry seinen Drachen steigen läßt, wenn Harry sein Schmuckstück vorführt. Harrys Vater war Schauspieler, der vom Applaus lebte und die Bewunderung brauchte. Als er mit 48 Jahren auf einem schweren Motorrad verunglückte und sich beide Beine brach, war seine Schauspiellaufbahn zu Ende. In ihm lebte noch die geradezu krankhafte Sehnsucht nach Erfolg und Bewunderung. Er konnte sich mit seinem Schicksal nicht abfinden und erzog seinen einzigen Sohn in der irrigen Lebensauffassung: „Wenn du bewundert wirst, bist du wer. Applaus ist das hörbare Kompliment deiner Verehrer." Harry braucht eine Frau zum Vorzeigen. Sie ist ein Stück von ihm. Ihr Glanz ist sein Glanz. Die persönlichen Beziehungen sind gleich Null. Ohne Rückfrage in der Beratung bringt Harry keine tiefempfundenen Gefühlsbeziehungen ins Spiel. Der Wert einer Frau liegt für ihn im Äußerlichen. Worauf die Augen der Frauen und Männer fliegen – der Frauen mit Neid, der Männer aus Sinnlichkeit –, das schmeichelt ihm. Harry hat sich ein Schmuckstück zugelegt, mit dem er sich dekoriert. Sticht der Schmuck ins Auge und trifft auf begehrliche Blicke, ist für ihn die Welt in Ordnung. In den Stunden, wo sie gemeinsam im Rampenlicht stehen, wo sie angestaunt und abgeschätzt werden, ist ihre Ehe erträglich. Im Alltag, wenn die Zweisamkeit sie umgibt, haben sie sich nichts zu sagen. Sie leben aneinander her, schweigen sich an und gehen sich aus dem Wege. Die Frauen leiden und verkümmern an seiner Seite. Die teure Garderobe ist zwar ein hübsches Trostpflaster, kann aber auf Dauer die Ehe nicht kitten. Harry ist ein Lebemann, bricht nach der achten Stunde die Beratung ab und sagt: „Ich bin scheinbar für die Ehe nicht geboren. Geld will ich gern investieren, mit Gefühlen kann ich nicht dienen. Ich verstehe etwas von Mode. Die Liebe ist eine Branche, die kann ich in meinem Alter nicht mehr erlernen." Er ging tatsächlich. Seine dritte Ehe wurde auch geschieden.

Die Intimbeziehungen sind über die Stadien der *Selbstbefriedigung* nicht hinausgekommen. In einer Beratungsstunde kamen wir auf die körperliche Sexualität zu sprechen. Er erzählte mir gelangweilt und gefühlsmäßig oberflächlich einige Episoden. So spritzig und auf Eindruck bedacht Harry sonst ist, hier fehlt jeder zündende Funke. Ich bitte ihn, mir einfach mal seine erotische Lieblingsphantasie laut auszuspinnen. Einen Augenblick stutzt er, dann huscht ein süffisantes Lächeln über sein Gesicht.

„Ich habe da ziemlich konkrete Vorstellungen," sagt er. Pause. Es dauert noch eine Weile, ehe die konkreten Vorstellungen deutlich werden. Seine Lippen bewegen sich, er formuliert seine exklusiven Gedanken ins reine, um sie für den Berater einigermaßen erträglich werden zu lassen.

„Am liebsten bin ich ganz passiv, entgegen meiner sonstigen Lebensart. Und dann ... ja, dann würde ich mich am liebsten von zwei hübschen Frauen bearbeiten lassen. Verstehen Sie, wie ich das meine?"

Von Partnerschaft ist keine Rede. Gleich zwei Frauen sind dazu da, um seine sexuellen Liebesgefühle zu befriedigen. Die Partner sind buchstäblich seine verlängerten Hände, die die

Selbstbefriedigung vervollkommnen. Als ich ihn frage, was wohl die eigene Frau über seine Liebeseinstellung denkt, antwortet er entwaffnend ehrlich, daß er das nicht wisse. Die verbale Kommunikation ist so spärlich, daß die durchaus offenherzige Frau nicht einmal wagt, über ihre Sehnsüchte und unbefriedigten Wünsche laut mit ihm zu sprechen. Sie spürt, daß er auf diesem Ohr taub ist und seine Gefühlsreserven eingefroren hat. Er hört nur seine eigenen Wünsche und triebhaften Bedürfnisse. Schaut er seine Frau an, schaut er sich an. In ihr entdeckt er nur seine eigenen Regungen.

Harry unter der tiefenpsychologischen Lupe

Harry braucht Bewunderung, muß sich zur Schau stellen und ist im Grunde ich-besessen. Die Tiefenpsychologen würden ihn als phallisch-exhibitionistischen Narzißten kennzeichnen. So hat jedenfalls Jürg *Willi*, der Schweizer Analytiker, diese Menschen beschrieben:

„Die phallisch-exhibitionistischen Narzißten finden wir als sozial akzeptierte Form vor allem in der Geschäftswelt, deren Ideologie ihrer Charakterstruktur entspricht: dynamisch-rücksichtslos – selbstbezogen – erfolgreich ... Schon beim ersten Zusammentreffen verstehen es solche phallischen Narzißten, das Gespräch gleich so zu konstellieren, daß der Partner in wenigen Minuten über ihre Attribute informiert ist, nämlich über ihren phantastischen Sportwagen, ihre Villa mit Hallenbad ... Verfügt man aber zufällig über gewisse Außergewöhnlichkeiten, die geeignet sind, ihre Interessen zu wecken, so wird man von ihnen gleich als Schmuckstück übernommen. Sie möchten dann von einem hören, daß man ein verrückter Kerl ist, ein spinniger Outsider ... oder Genialer."[2]

Der Nazißt zeigt exhibitionistische Züge. Er muß sich *zeigen* und Blicke auf sich ziehen und kann unter Umständen eine ganze Gesellschaft ohne Punkt und Komma zum Mitschwingen provozieren. Schon früh hat er eine Redegabe trainiert und versteht es, Höhen und Tiefen, Lautstärke, Einschmeichelndes und Markiges überzeugend gezielt ins Spiel zu bringen. Er ist berechnend und denkt pragmatisch. Der Partner, besonders der Liebes- oder Ehepartner, ist *Objekt*. Er wird in Dienst gestellt, benutzt und als Schmuckstück behandelt. Sie neigen zur Schwarzweißmalerei,

65

teilen die Menschen in Weiße und Schwarze, Böse und Gute ein. Alle, die ihm zuhören, auf ihn schwören und sich ihm wohlwollend in den Weg stellen, gehören zu den Weißen. Um dem Gefühl der Leere und Sinnlosigkeit zu entfliehen, entwickeln sie eine enorme Betriebsamkeit, tanzen auf mehreren Hochzeiten gleichzeitig und versprühen ihren Charme und Witz. Er kann von beißender Kritik sein, wenn er andere treffen will. Selbst ist er hochgradig empfindlich, weil er ja bewundert und angehimmelt werden will.

Wie hat sich diese Charakterstruktur in der Kindheit entwickkelt? Viele Mütter haben die Selbstbezogenheit des Narzißten durch eigenes Verhalten heraufbeschworen. Sie nehmen das Kind als Stück ihrer selbst wahr. Das Kind ist zum verlängerten Arm geworden, das sich dreht und bewegt, wie die Mutter es will. In dem Augenblick, wo die Selbstwerdung des Kindes beginnt, reagieren solche Mütter enttäuscht und wütend, weil der verlängerte Arm anders will, als sie selbst wollen. Kinder sollen ein Spiegelbild der mütterlichen Wünsche und Gedanken sein. Sie verstehen es meisterhaft, den Kindern das einzureden. Jede Eigenständigkeit und Originalität wird von den Müttern geleugnet. Entscheidet sich dagegen das Kind wider Erwarten zum autonomen Verhalten, wird das Kind als undankbar, widerspenstig, lieblos und eigensinnig abqualifiziert. Es entspricht nicht den Denkgewohnheiten der Mutter. Kein Zweifel, daß unter diesen Umständen die Liebe pervertiert. Die Entwicklung echter Liebesfähigkeit wird verhindert. Der heranwachsende Mensch muß das Gefühl bekommen: „Liebe ist krasser Egoismus. Und Liebe ist, wenn der andere meine Bedürfnisse befriedigt, meine Ansprüche ernst nimmt und meinem Geltungsstreben dienstbar wird."

Das Kind, das jahrelang völlig als verlängerter Arm der Mutter lebte, Liebe als Geben und Nehmen nicht kennengelernt hat, wird eines Tages selbst narzißtisch und egozentrisch die Liebe mißverstehen. Entweder paßt sich der Partner der Selbstbespiegelung an, oder beide leben aneinander vorbei und trennen sich dann wieder. Einer Korrektur seines Lebensstils unterzieht er sich ungern. Er versteht es, sich gut zu verkaufen und für das andere Geschlecht sich attraktiv anzubiedern. Zu viele Schmetterlinge fliegen auf den „glänzenden Leim" und sind anschließend erschrocken, wie wenig die aufpolierte Fassade für eine tiefgehende Partnerschaft zu bieten hat.

Eine Gruppe, die der hysterischen Persönlichkeitsstruktur zu-
zurechnen sind, sind die besprochenen *Narzißten*, Menschen, die
in ihr eigenes Bild verliebt sind.

Vor hundert Jahren etwa wurde der Ausdruck von einem
deutschen Arzt geprägt, der sich mit autoerotischen Menschen
befaßte. Er leitete den Begriff von einer Gestalt der griechischen
Mythologie ab, dem Jüngling Narzissus, der unfähig war, jemand anderen als sich zu lieben. Er empfand höchste Bewunderung und Zärtlichkeit nur für sich, und er ertrank, als er sein eigenes, sich im Wasser spiegelndes Bild umarmen wollte. Der
modernen Sexualwissenschaft gelang es, durch zahlreiche Untersuchungen das Wesen des Narzißmus genauer zu analysieren.
Ein Kind, das anfängt, seinen eigenen Körper zu entdecken, befindet sich in einem ganz natürlichen Entwicklungsstadium, aus
dem es normalerweise schnell herauswächst.

Die Analytiker kennzeichnen sie gerne als *phallische Charak-
tere*. *Freud* unterschied drei Phasen in der Charakterentwick-
lung: die *orale* Phase, also die Mundphase, wo der Säugling und
das Kleinkind an der Mutterbrust geprägt werden; die *anale*
Phase, in der Gehorsam, Auflehnung und Selbstbehauptung
trainiert werden und speziell mit der Sauberkeitserziehung im 2.
bis 4. Lebensjahr des Kindes zusammenfallen – und die *phallische* Phase ab dem 4. Lebensjahr, in der sich der phallische Charakter herausbilden kann. Vom phallischen Charakter spricht
man, wenn im erwachsenen Menschen Züge der Entwicklungs-
phase sich negativ und neurotisch verfestigt haben. Nach *Freud*
beschäftigt sich der Mensch eigentlich mit dem Problem des Pe-
nisbesitzes bzw. mit seinem Penismangel. Die sozialpsychologi-
sche Deutung der Gegenwart glaubt allerdings weniger an den
buchstäblichen Penismangel, den Mädchen empfinden sollen,
sondern an den Neid des weiblichen Geschlechtes, den es gegenüber dem privilegierten Männlichen empfindet. Die Frau neidet
dem Mann seine größere Freiheit, seine zugestandenen und nicht
zugestandenen größeren Rechte und seine männliche Überlegenheit. Dem phallischen Charakter werden narzißtische Züge
zugerechnet wie „Eitelkeit, Stolz, körperlicher Narzißmus,
Neid, Eifersucht, Kleinmut etc. Phallische Menschen sind bezie-
hungsarm. Der andere ist für sie nur Objekt, eventuell ‚Publi-
kum‘. Da jede Eitelkeit infantil anmutet, ist der Infantilismus

dieser Charaktertypen unübersehbar ... Der phallische Mann ist ein körperlicher oder geistiger Kraftprotz. Er ist kindisch, tendiert zur Überheblichkeit."[3]

In der Regel ist das ästhetische Anspruchsniveau dieses Narzißten so hoch, daß sie sich nicht mit Prostituierten begnügen. Die Partnerinnen müssen kultiviert sein, sich auf dem gesellschaftlichen Parkett bewegen können. Denn für seine öffentlichen Auftritte braucht er attraktives Drum und Dran und legt auf den gebührenden Rahmen Wert, der sein Image erhöht. Narzißten wollen in der Regel auch kein Gefühl investieren und kaufen sich daher Freundinnen, die stunden- und tageweise mit ihrer Liebe zur Verfügung stehen. Diese Damen werden mit kostbaren Geschenken entlohnt. Sie haben die Aufgabe, den Narzißten von oben bis unten zu verwöhnen, ihn in seinem Geltungsstreben zu unterstützen und in seiner Selbstliebe zu verstärken. Sie sollen geben und zur Verfügung stehen, dienen und keine eigenen Ansprüche anmelden. Sie spielen als Objekte mit, können geteilt und ausgetauscht werden oder werden zu Spielverderbern. Narzißten der Ober- und Spitzenklasse halten sich gleich einen ganzen Hofstaat. Aufgehende Sternchen, die sich im Gefolge des großen Meisters ein leichtes Fortkommen erhoffen, schwirren paarweise um den Angebeteten. Der eitle Pfau sonnt sich im jugendlichen Rahmen und benutzt den Hofstaat als Mittel zum Zweck. Ein intensiver zwischenmenschlicher Austausch findet nicht statt. Der Hofstaat besteht aus Statisten, die zum Dekor des Selbstverliebten gehören.

Verheiratet mit einer
Logarithmentafel

Nachdem die hysterische Persönlichkeit als Ehemann und Ehefrau genügend zur Sprache gekommen ist, soll noch eine völlig
gegensätzliche Charakterstruktur beschrieben werden. Es handelt sich um distanzierte, Abstand haltende, kühle und sehr sachliche Menschen, die gern als *schizoide* Strukturen bezeichnet
werden.

Der distanzierte Partner

Ein namhafter amerikanischer Therapeut, Rollo *May*, schreibt
über den schizoiden Menschen:
„Der Begriff ‚schizoid‘, wie ich ihn im Titel dieses Kapitels
verwende, beinhaltet Kontaktlosigkeit, die Vermeidung jeder
engeren Beziehung, Gefühlsunfähigkeit. Ich gebrauche diesen
Begriff nicht zur Kennzeichnung des seelisch erkrankten Einzelnen, sondern um den allgemeinen Zustand unserer Kultur und
die Voraussetzungen jener Menschen, die die Träger dieser Kultur sind, zu umschreiben... Der schizoide Mensch ist die natür-
liche Folge des technologischen Menschen." [1]
Die Welt, die unsere zeitgenössischen Maler, Dramatiker und
Repräsentanten anderer Kunstgattungen darstellen, ist eine *schizoide* Welt. Sie alle führen uns eine Welt vor Augen, die zerrissen,
kontaktgestört, schwierig und menschlichen Beziehungen feind
ist. Unsere Maler wie Cézanne, Vater der modernen Malerei,
malten eine schizoide Welt aus Räumen, Steinen, Bäumen und
Gesichtern. Picasso, der Einsicht in den schizoiden Charakter
unserer modernen Welt hatte, malte zerstückelte Stiere, zerris-
sene Dorfbewohner, verzerrte Porträts mit verrutschten Augen
und Ohren. Auch in den Dichtungen von Ionesco, Genet,
Beckett, Pinter, Max Frisch, Kafka und Camus wird die schizoide

Welt sichtbar, in der die Kommunikation zwischen den Menschen immer schwieriger wird.

Mit seiner Kühle, Distanziertheit, Entfremdung, Gleichgültigkeit und dem Rückzug der Gefühle lebt die schizoide Persönlichkeit eine Liebe, die vom Liebespartner als Liebesunfähigkeit und Lieblosigkeit verstanden wird. Er hat ein reiches Innenleben, aber pflegt keinen intensiven Austausch mit seinem Lebenspartner. Er braucht nicht das Gespräch wie sein Gegenüber, das in der Regel sprechen muß, Probleme und Gedanken erörtern muß und leidet, wenn sich Gefühle und Wünsche im Innern unausgesprochen stauen. Schizoides Verhalten und ein gehöriger Schuß Apathie gehören zusammen. Rollo *May* betont den Zusammenhang, wenn er schreibt: „Wenn ich den Begriff ‚Apathie‘ trotz der einschränkenden Nebenbedeutungen, die er im Laufe der Zeit erhalten hat, benutze, so deshalb, weil das Wort in seinem buchstäblichen Sinne das, wovon hier die Rede ist, am besten charakterisiert: Mangel an Gefühl, Mangel an Leidenschaft; das Ausbleiben affektiver Erregungen; Teilnahmslosigkeit. Apathie und die schizoide Welt bedingen sich wechselseitig."[2]

Der Schizoide wirkt teilnahmslos. Er hat es in seinem Leben zum Prinzip erhoben, in menschlichen Beziehungen am Rande zu stehen, abwartend zu sein und den anderen verbalen Vortritt zu lassen. Der Schizoide kann schweigen und muß nicht überall seinen Kommentar dazu geben. Er ist mit sich beschäftigt, kreist um sich selbst, aber ist dabei kein extremer Egoist, wie sein kühles und abweisendes Verhalten vom Partner gedeutet wird. Er kann abschalten, sich zurückziehen und läßt Partys, kleine und große Gesprächsrunden an sich vorübergleiten. Still und beobachtend steht er daneben und gibt mit wortlosen Gesten zu verstehen, daß er in Ruhe gelassen werden will. Seine Ausstrahlung ist Abwehr, seine Haltung verrät Distanz. Wird er jetzt vom Ehegefährten *vereinnahmt* und es gelingt ihm nicht, seine sorgfältig aufgebaute Distanz zu wahren, reagiert er unglücklich und verstört. Er wehrt sich und versucht auf seine Weise, das leidige Eheproblem zu lösen.

Seine Angst vor dem Du, seine Angst vor Nähe und seine Angst vor Hingabe und dem Sich-Ausliefern werden spürbar.

In einem Gespräch charakterisiert ein Ehemann seine innere Not so:

„Wenn ich nach Hause komme, werde ich in Beschlag genommen. Die Luft wird dünn. Ich reiße mein Hemd auf und löse den Schlips. Ich habe immer das Gefühl, ich müßte ersticken."

Der Ehemann *glaubt*, von der Frau mit Haut und Haaren gefressen zu werden. Er *befürchtet*, nicht genügend Luft zu bekommen, und provoziert Erstickungsgefühle. Die partnerschaftliche Nähe erlebt er bedrückend und sinniert, wie er dem Liebesgefängnis entgehen kann. Die Frau verstärkt zunächst ihre Liebesbemühungen, sie reagiert zärtlicher und sanfter, ruft aber die gleiche Abwehr hervor, weil alle Annäherungen als Einengung erfahren werden. Die bittere Enttäuschung folgt auf dem Fuße:

„Ich habe alles getan und liebe ihn innig. Er ist ein Eisblock. Das hat doch alles keinen Zweck mit uns, von ihm kommt einfach keine Antwort. Er liebt mich nicht mehr. Ihm fehlt jegliche Leidenschaft. Ich bin maßlos enttäuscht!"

Fritz *Riemann* kennzeichnet für alle, die mit diesem „Typ" Schwierigkeiten haben, noch einmal die Verhaltensstruktur der schizoiden Persönlichkeit, die uns in vielen Schattierungen begegnet:

„Bewußt wird die Hingabeangst vom schizoiden Menschen meist als Bindungsangst erlebt... Hingabe wird dann nur noch als völliges Sich-Ausliefern, als Ich-Aufgabe und Verschlungenwerden vom Du vorgestellt... So fällt es dem schizoiden Menschen schwer, eine dauerhafte Gefühlsbeziehung zu wagen. Er neigt zu kurzfristigen intensiven, aber wechselnden Beziehungen. Die Ehe ist für ihn eine Institution mit allen Unvollkommenheiten menschlicher Einrichtungen und daher selbstverständlich auflösbar, wenn sie nicht befriedigend erlebt wird... Untreue ist seiner Meinung nach in einer Dauerbeziehung unvermeidlich; er fordert für sich Freiheit und ist... bereit, sie auch dem Partner zuzugestehen."[3]

Seine Hingabeangst ist keine Lieblosigkeit, kein Mangel an Liebe. Er liebt anders, distanzierter, weniger gefühlsgeladen. Bei ihm verläuft alles ruhiger. In der Liebe gibt er sich gelassener. Er zeigt weniger Höhen und Tiefen. Mit einem Wort: er liebt sachlicher. Diese Sachlichkeit ist für viele Ehepartner eine schwere Herausforderung. Sie fühlen sich von ihm abgeschoben und zurückgewiesen. Sie fühlen sich in der Liebe betrogen.

Welche Probleme eine schizoide Persönlichkeit in die Ehe einschleusen kann, möchte ich an einem Beispiel verdeutlichen. Herr W. ist Oberstudienrat, 38 Jahre alt und unterrichtet die Fächer Mathematik, Physik und Chemie. Schon die Fächerwahl verrät den Schizoiden, der ausgesprochen *sach*orientiert ist. Er arbeitet wissenschaftlich exakt, kann seine Gefühle ausgezeichnet beherrschen und bietet kühl und abwägend den Stoff dar. *Exaktheit* ist bei ihm ein hervorstechendes Charakterverhalten. Klarheit der Gedanken, Sachlichkeit in der Argumentation, Gewissenhaftigkeit im beruflichen Leben sieht er als erstrebenswerte Prinzipien an. Herr W. wird von seiner Frau als typischer *Eigenbrötler* beschrieben. Ich habe im etymologischen Wörterbuch nachgeschaut, was man unter einem Eigenbrötler versteht. Und da heißt es:

„Eigenbrötler, der sich nicht in seine Dinge hineinreden läßt, sonderlich und selbstisch ist. Die Bezeichnung des Junggesellen mit eigenem Haushalt, dessen Ausdruck das selbstgebackene Brot ist."[4]

Herr W. ist ungern gekommen. Mehr oder weniger auf ausdrücklichen Wunsch seiner Frau. Lauernd und abwartend sitzt er vor mir. Er läßt die Dinge auf sich zukommen. Seine Gesichtszüge sind ruhig, die Lippen fest geschlossen, und seine Augenlider zucken nur gelegentlich. Seine Hände liegen still im Schoß, beherrscht und voller Aufmerksamkeit. Er ist verheiratet – wie kann es anders sein – mit einer depressiven Persönlichkeit. Seine Frau ist lebhaft, menschenzugewandt, liebebedürftig, gesellig und von ihm abhängig. Sie ist 9 Jahre jünger. Er hat sie als junges, frisches und lebenssprühendes Mädchen kennengelernt. In seiner steifen Art war er von ihrer Quicklebendigkeit fasziniert. Er konnte sie stundenlang anschauen und sich freuen.

„Ich beobachte sie. Es ist, als wenn ein Film abläuft."
Ich: „Können Sie das etwas anschaulicher erklären?"
Er: „Bei ihr ist nichts statisch. Alles ist Leben und Bewegung. Jede Bewegung mit ihr ist für mich ein Abenteuer."
Ich: „Erleben Sie diese Begegnung mit Ihrer Gattin, dieses Abenteuer positiv oder negativ?"
Er: „Als ich sie kennenlernte, war es wie im Kino. Aber man kann doch nicht ständig ins Kino gehen."
Ich: „Sie gehen offensichtlich gern ins Kino. Aber Sie brauchen

auch Abstand von dem lebendigen Geschehen, vom Abenteuer. Kann man das so aussprechen?"

Er: „Ich brauche heute viel Abstand, weil mich die Unruhe der
Bilder verrückt macht. Weil sie nichts Ruhendes ausstrahlt,
ziehe ich mich zurück."

Beide haben ein Kind von 8 Jahren, ein sehr aufgewecktes Mädchen.

Er: „Das Kind steht mir nicht besonders nahe."

Ich: „Und das heißt für Sie?"

Er: „Ich kann mich mit dem Mädchen nicht sachlich und ver-
nünftig unterhalten. Es ist verspielt, albern und wenig ernst."

Nach einer kleinen Pause ergänzt er:

„Wahrscheinlich ist das mein Problem. Ich bin zu nüchtern.
Meine Welt der logischen Zusammenhänge verstehen Frau und
Tochter nicht. An die Ehe in der gegenwärtigen Gesellschaft
werden zu hohe Forderungen gestellt. Die angestrebte Innigkeit
ist nicht zu verwirklichen."

Ich: „Sie suchen wahrscheinlich den sachlichen Partner, mit dem
Sie Ihre Welt diskutieren können?"

Er: „Nein, so ist es nicht. Meine Welt will ich für mich haben.
Ganz für mich. Nur ab und zu habe ich das Bedürfnis, sie zu
verlassen, und dann brauche ich Liebe."

Unmißverständlich hat Herr W. das Problem ausgepackt. Er will
in seiner Welt leben. Allein. Für sein Reich, das aus Zahlen, Ge-
setzen und Formeln besteht, braucht er keinen Gesprächspart-
ner. Er kommuniziert mit sich selbst. Und hier hält er's lange allein mit sich aus. Genau an der Stelle wird die Kluft zum
Ehepartner sichtbar. Die Frau hat die „schreckliche Unart", wie
er sagt, ihn „wie eine Zitrone" auszupressen, wenn er die Wohnung betritt. Sie bohrt und fragt und überfällt ihn mit ihrer Le-
bendigkeit und Zuwendung. In der Beratung sprüht Frau W. los.
Sie ist auf ihren Mann „stocksauer". Die treffendste Charakteri-
sierung ihrer Ehe lautet:

„Ich bin mit einer Logarithmentafel verheiratet. Bei ihm ist alles geplant und logisch verarbeitet. Sogar sein Fremdgehen hat
System."

Er flieht ins Arbeitszimmer, und wenn sie ihn auch da verfolgt,
nach draußen. Diese Flucht ist nicht ohne Folgen geblieben. Seit
einem Jahr unterhält er eine Liebesbeziehung zu einer verheirateten Frau, einer Kollegin an seiner Schule, die angeblich seit
Jahren in Scheidung lebt. Der Oberstudienrat gibt aber zweifels-

frei zu verstehen, daß er die Kollegin niemals heiraten wird. Er beteuert, daß er das der Dame auch mehrfach gesagt habe. Und warum?

„Ich möchte nicht vom Regen in die Traufe kommen. Die Kollegin ist auch sehr lebendig und von sprühendem Witz. Ich mag das, gelegentlich."

Da ist es wieder. Herr W. findet auch das Verhältnis *gelegentlich* interessant, im allgemeinen braucht er aber seine Welt und sein distanziertes Leben. Wie unpartnerschaftlich und unmenschlich seine Erwartungen sind, wird in einem Gespräch mit ihm deutlich, wo er frei phantasiert und seine „optimalen Wünsche" an beide Beziehungen offenlegt. Zunächst möchte er in einer kleinen Wohnung für sich allein leben. Mittags möchte er bei seiner Frau essen, am Wochenende mit seiner Geliebten zusammensein. Er wäre glücklich, wenn alles wie bisher weiterliefe. Aber ein Refugium, eine Zufluchtsstätte für seine distanzierte Seele, brauche er dringend.

Welchen Lebensstil kennzeichnet Herr W.?

– Er ist ein *Sachtyp*, der logisches Denken, Exaktheit und Gewissenhaftigkeit zur Lebensmaxime erhoben hat. Er glaubt, mit logischer Argumentation sein Leben am besten meistern zu können.

– Er wählt vorzugsweise den extravertierten Partner, der lebenssprühend und vital einen „Film abspult" und sich aktiv um ihn herum bewegt. Herr W. bleibt völlig passiv, ist Zuschauer und Genießer und möchte jederzeit das „Kino" verlassen können.

– Er sieht in der Ehe, wie die heutige Gesellschaft sie beurteilt, zuviel Intimität, zuviel Nähe und zuviel „Innigkeit", die er nicht leisten kann und will. Herr W. fühlt sich auch in der Ehe als einer totalen Lebensgemeinschaft überfordert und weicht aus.

– Er ist der *Eigenbrötler*, der alle Merkmale eines Junggesellen an sich trägt. Der sein „Süppchen für sich kocht", selbstbezogen lebt und denkt und die Zuwendung des Partners als *Einbruch* in seine Privatsphäre sieht.

– Er unterhält ein *unverbindliches* Liebesverhältnis mit einer Verheirateten. Unverstanden, hat er die Verheiratete gewählt, um sich nicht erneut binden zu müssen. Er benutzt eine Dreiecksbeziehung, um der intensiven Zweierbeziehung zu entgehen.

– Er empfindet die Unverbindlichkeit der Liebe als wohltuend. Herr W. sitzt *zwischen* den Stühlen und würde diesen Schwebezustand gern beibehalten, wenn nicht Frauen diese Halbherzigkeit als feige und verlogen anprangern würden.

– Er *erpreßt* beide Partner damit, daß er ständig droht, die andere aufzusuchen, wenn eine von beiden zuviel von ihm erwartet. Beide bemühen sich um ihn, beide müssen ständig ihre Liebesbeweise bremsen, um seine Flucht zur anderen zu verhindern. Bei beiden ist er Kinogänger, er kommt und geht und läßt sich ein „Abenteuer" vorsetzen.

– Er leidet moralisch etwas unter seiner Einstellung, verschafft sich aber dadurch eine *Gewissenserleichterung*, daß er sich auf Soziologen, Psychologen und speziell Autoren beruft, die mit der Ehe hart ins Gericht gehen, ihre Fragwürdigkeit bekennen und ihr baldiges Ende voraussagen. Im Bücherschrank hat er – nach Darstellung seiner Frau – einen Stapel Bücher stehen, die ihm sein Elend bescheinigen, die ihn als Opfer einer bürgerlich-kapitalistischen Gesellschaftsordnung bezeichnen und sein ehefeindliches Verhalten untermauern.

– Herr W. ist ein *Einzelgänger,* der zeit seines Lebens Kontakte nur im Vorbeigehen genossen hat, der mit Leib und Seele einem innigen Zusammenstehen entgegensteht und alle Partnerinnen nur unglücklich macht, mit denen er enge Verbindungen unterhalten will. Er ist der „konstitutionell disponierte Ehegegner", wie der Psychiater *Kretschmer* diesen Typ charakterisierte.

Zuviel Nähe – zuviel Distanz

Die Sozialisation jedes Menschen verläuft unterschiedlich. Aus der völligen Abhängigkeit des Säuglings zur Mutter soll sich im späteren Leben eine gesunde Selbständigkeit ergeben. Schrittweise vollzieht sich eine lebensnotwendige Trennung und Abnabelung. Der Mensch reift, kann loslassen und grenzt sein Ich vom Du ab. Etwa ab dem 4. Lebensjahr wächst das Gemeinschaftsgefühl, und der Wunsch verstärkt sich, mit anderen Kindern zusammen zu sein. Immer mehr behauptet sich der Mensch selbst, sucht Kontakte draußen, geht Freundschaften und Bindungen ein. Vor allem in der Pubertät, der zweiten großen Ablösungsperiode, verstärkt sich das Gesellungsbemühen. Der junge Mensch schließt sich Gruppen an, er erkennt verbindliche Werte und Spielregeln an und erfährt größere Selbständigkeit.

Zweifellos kann dieser Verselbständigungsprozeß gestört werden. Eltern halten eifersüchtig ihre Kinder fest, und die Kinder klammern sich ängstlich an ihr Elternhaus. Selbständigkeit und Selbstbehauptung werden blockiert. Die Ichwerdung wird verhindert. Es bilden sich Persönlichkeitsstrukturen heraus, die sich übertrieben *abhängig* geben, die klammern, sich hilflos gebärden, nicht loslassen und sich maßlos verwöhnen lassen möchten. Sie suchen Abhängigkeit, machen sich abhängig und verstehen es, den Partner zu binden. In der Ehe liefern sie sich völlig ihrem Partner aus, verzichten auf eigene Wünsche und hängen an den Lippen ihrer Gefährten. Ihr Ich zeigt wenig Stärke, Stehvermögen und Selbständigkeit. Sie hegen übertriebene Erwartungen, z. B.

– daß der Partner sie mehr liebt als sich selbst,
– daß sie als Eheleute immer und ewig innig vereint und verschmolzen durchs Leben gehen,
– daß der Partner immer gegenwärtig ist und sich in wacher Aufmerksamkeit um den anderen bemüht,
– daß der Partner sein ausgeprägtes Eigenleben aufgibt und die Zweisamkeit zur Priorität Nr. 1 erhebt.

Die Folgen solcher Abhängigkeit liegen klar auf der Hand:

– Der Partner fühlt sich in seiner Selbstverwirklichung gehindert,
– der Partner fühlt sich mehr oder weniger vergewaltigt, an die Kette gelegt,
– der Partner versucht bewußt oder unbewußt zu fliehen und sich durch Ehrenämter und berufliche Aktivitäten aus der ehelichen Zwangsjacke zu stehlen,
– der Partner flieht in die innere Emigration, wird immer stummer und versucht, durch abweisende Verhaltensweisen Distanz zu erreichen,
– der Partner geht fremd, weil er nur durch außereheliche Bindung glaubt, dem ehelichen Gefängnis entkommen zu können.

Der Abhängige und Nähesuchende wird bitter, fühlt sich verraten und getäuscht, macht Vorwürfe, stürzt sich in Rache und Haßgefühle hinein und zerstört nun erst recht die Beziehungen, die durch Selbsterkenntnis und fachliche Beratung hätten korrigiert werden können. Große Abhängigkeit und übertriebene Nähe bewirken das Gegenteil der ursprünglichen Absicht: Sie stoßen ab.

Um die beiden Pole *Nähe* und *Distanz* kreist ein harmonisches

Eheleben. Eheleute brauchen beides, wenn auch zu verschiedenen Zeiten. Je mehr sich Mann und Frau ergänzen, je mehr beide diese Aspekte tolerieren, desto reibungsloser verläuft die eheliche Zweisamkeit. Was unter wohltuender Nähe und wohltuender Distanz zu verstehen ist, finden beide Partner in der Regel verschieden. Was der eine als Wärme und Geborgenheit erlebt, deutet der andere als Klammern und Vergewaltigung. Nähe und Distanz werden selten kongruent erlebt. Diese Kongruenz ist auch nicht zwingend. Ehesprengend wird die fruchtbare Spannung dann, wenn die Partner sich in bösen Du-Botschaften bekriegen:

„*Du* frißt mich mit Haut und Haaren,"

„*Du* vereinnahmst mich total",

„*Du* kontrollierst mich auf Schritt und Tritt",

„*Du* spionierst hinter mir her",

„*Du* läßt mir keine Luft zum Atmen".

Das Fatale ist, daß die schizoide Persönlichkeit die Nähe des anderen als Vereinnahmung, als Nachspionieren, als Kontrolle und Einengung *erlebt*. Im Extremfall fühlt er sich verfolgt und bedroht. Der *Anhängliche*, der Nähesuchende, der seinen Partner klammert, kontert mit unangemessenen Du-Botschaften:

„*Du* drückst dich vor mir!"

„*Du* schämst dich, mit mir verheiratet zu sein",

„*Du* liebst mich nicht richtig",

„*Du* bist kalt und gefühllos",

„*Du* bist grausam und gemein",

„*Du* spannst mich auf die Folter".

Wo liegen die Fehler der Eheleute?

– Jeder glaubt, daß er sich nur verteidigt oder wehrt. Zwei Menschen, die sich aber verteidigen, liegen zum Kampf gerüstet auf der Lauer. Ihre Verteidigungsbereitschaft untergräbt eine gute Kommunikation.

– Beide akzeptieren nicht die Eigenart des anderen. Sie interpretieren Ehe, Liebe und Intimität aus ihrer subjektiven Sicht und stehen sich folglich feindlich gegenüber. Sie bemühen sich nicht um Gemeinsamkeiten, sondern beklagen ihre Unverträglichkeit.

– Beide klagen sich an, beide suchen die Schuld beim anderen, beide verstärken ihre Vorwürfe und vergrößern die Kluft unaufhörlich.

Der Kopftyp und der Herztyp

Es gibt Ehepartner, die überwiegend vom Kopf gesteuert werden, und es gibt Eheleute, die in erster Linie vom Herzen gesteuert werden. Beide sind grundverschieden. Der Kopftyp versucht, verstandesmäßig das Leben zu gestalten, der Herztyp läßt Gefühle sprechen. Beim einen regiert die kühle Überlegung, beim anderen sprechen Sympathie, Antipathie und emotionale Interessen das letzte Wort. Beide können sich fabelhaft ergänzen und je auf ihren Gebieten Hervorragendes leisten. Menschlich und beruflich werden beide Charakterzüge geschätzt und gebraucht. Das Leben ist vielseitig und muß mit Kopf *und* Herz bewältigt werden. Fehlt die kühle, sachliche und problemorientierte Beurteilung, können unkontrollierte Gefühle und undifferenzierte Empfindungen lebenswichtige Entscheidungen zunichte machen. Kopf und Herz gehören zusammen und erreichen Großes im Zusammenwirken.

Eheleute, Eltern und berufliche Partner können sich aber auch das Leben zur Hölle machen, wenn Kopf und Herz als Waffen im Machtkampf verwendet werden. Der eine kämpft mit Worten, mit scheinbar sachlichen Argumenten, setzt seine geschärfte Logik ein, der andere rennt mit leidenschaftlichen Gefühlen und aufgeputschten Emotionen gegen den Partner an. Was sie mal angezogen hat, wird für beide zur Qual. Die kühle Sachlichkeit wird vom Gegentyp als lieblos disqualifiziert, die gefühlsbetonte Herzlichkeit vom anderen als unsachliches Getue abgewiesen. Beide werden Gegner in ihren Wesenszügen. Beide *benutzen* ihre Charaktereigenarten als Waffen gegen den anderen.

Unsere Gefühle sind der wahre Ausdruck unserer allgemeinen Bewegungsrichtung. Sie sind Werkzeuge unserer Persönlichkeit, sie sind Diener unserer Lebensanschauung.

Wer sein Herz *sprechen läßt,* gibt damit zu erkennen, wie er leben, lieben und mit Menschen umgehen will. Er hat sich entschieden, dem Herzen die erste Priorität einzuräumen. Wenn Krisen kommen und Weggabelungen, läßt er sein Herz sprechen. Werden Entscheidungen von ihm gefordert, verläßt er sich auf sein Herz, das er zum Leitstern auf dem Lebensweg erkoren hat. Ganz anders der Kopfmensch. Er hat schon als Kind die Erfahrung gemacht, daß Gefühle unbrauchbare Werkzeuge sind. Vielleicht wurde er kritisiert, vielleicht wurden seine Gefühle nicht ernst genommen, Herz zählte nicht, sondern nur nackte Tatsachen. Er gewöhnte sich an, seine Logik zu schärfen. Gefühle wurden bei ihm nicht kultiviert. Er versteckte sie lieber und suchte nach handfesten Argumenten. Ohne es zu wissen und sich darüber klar zu sein, pflegte er die *sachliche* Diskussion, suchte immer nach *sachlichen* Beweisen und ließ den Kopf sprechen.

Wer sich einmal für eine bestimmte Vorrangstellung entschieden hat, behält weitgehend sein Leben lang seine Lebensstilgrundhaltung bei. Es heißt nun nicht, daß Mann und Frau in jedem Fall und in jeder Situation die eine oder andere Methode wirksam werden lassen. Der Kopftyp kann sein Herz sprechen lassen, der Herztyp kann seinen Verstand benutzen. Beide sind nicht sklavisch an ihre Verhaltensmuster gekettet. Sie werden nicht wie Marionetten zu Kopf- oder Herzentscheidungen gezwungen. Werden Kopf und Herz als zwei Schwerpunkte im Eheleben betrachtet, ist eine fruchtbare Harmonie gewährleistet.

Kopf und Herz der Eheperson

Einer der Väter der modernen Ehewissenschaft, Dr. Theodor *Bovet,* hat die *Eheperson,* das Einswerden zweier Menschen auf der Personebene, hervorgehoben. *Bovet* geht davon aus, daß die Ehe als Person am Hochzeitstag zur Welt kommt, vor die Öffentlichkeit tritt und von ihr als neue Person registriert wird.

Die *Eheperson* sei am Verlobungstag gezeugt worden, habe eine fötale Entwicklung erlebt, mache nach der Geburt ein Säuglings- und Kinderalter durch. Kinderkrankheiten, Pubertät, Reife, Alter und Klimakterium seien normale Entwicklungsabschnitte in der Lebensgeschichte der Eheperson.

Ein weiteres Kennzeichen der Person sei, daß verschiedene Funktionen von verschiedenen Organen ausgeübt würden. Die einzelnen Organe seien gleich lebensnotwendig, gleich wertvoll, aber in ihren Funktionen verschieden. Er schreibt:

„In diesem Sinne betrachten wir Mann und Frau als die zwei Hauptorgane der Eheperson. Ganz gewöhnlich bezeichnet man den Mann als ein ‚Haupt‘ der ehelichen Gemeinschaft … Die ursprüngliche Bedeutung des Wortes ‚Haupt‘ ist aber ‚Kopf‘. Der Mann ist der Kopf der Eheperson, nicht mehr und nicht weniger. Fragen wir nun, welches Organ die Frau darstellt, so kommen wir ganz natürlich auf ‚Herz‘. Die beiden Funktionen von Kopf und Herz passen nun sehr schön auf die Rolle von Mann und Frau in der Ehe."[1]

Der Mann als Kopf vertritt die Eheperson nach außen, gibt ihr das Gesicht und führt die Rede. Er gibt die Wertschätzung an und hält den Kopf hin. Die Frau als Herz versorgt die Eheperson mit Nahrung und Wärme. Sie füllt die Eheperson mit Leben. *Bovet* legt großen Wert darauf, daß hier alle Diskussionen über Vorrangstellung und Gleichberechtigung aufhören. Beide Partner sind gleichwertig und gleichberechtigt.

„Wollte man sagen, der Kopf sei doch die Hauptsache, könnte entgegnet werden, daß ein Mensch nach einer Gehirnerschütterung ruhig 14 Tage bewußtlos, also ‚ohne Kopf‘ liegen kann, um nachher wieder aufzustehen, während er keine 14 Minuten ohne die Herztätigkeit überleben könnte."[2]

Kopf und Herz mit ihren verschiedenen Funktionen können eine wunderbare Ergänzung bilden. Die verschiedenen Schwerpunkte wirken zusammen und nicht gegeneinander. Sie erfüllen verschiedene Aufgaben zum Wohle der Eheperson.

Nach diesem Modell ist jede Störung eine Krankheit der ganzen Ehe. Es gibt keine lokalen Krankheiten, ein fundamentaler Satz der modernen Medizin. Er gilt auch für die Ehe. Immer wird die Ehe als Person in Mitleidenschaft gezogen. Ganzheit beinhaltet, daß alle Funktionen zusammenwirken oder aber durch eine kleine Störung das Ganze beeinträchtigen. Eine Uhr läuft so lange, wie alle Teile ineinandergreifen und ein harmonisches Zusammenspiel garantieren. Zeigt ein Rädchen einen winzigen Defekt, bleibt die Uhr stehen. Das gilt auch für die Funktionen von

Kopf und Herz. Wird ein Aspekt verdrängt oder überbewertet, gerät die Eheperson ins Schleudern. Die Ehe bekommt einen Sprung, die Eheperson wird krank. Dieses Modell bietet für die Heilung der Ehe eine gute Grundlage. Haben beide Partner das Leitbild der *kranken Person* erfaßt, weiß jeder Ehegatte, welchen Beitrag er zur Gesundung beisteuern muß. Beide können das Gemeinsame erkennen und die Fehler korrigieren, die sie durch bestimmte Verhaltensweisen der Eheperson zugefügt haben.

Das Herz – Zentrum des Menschen

Das Herz wurde zum Bildwort für alles, was in der Mitte des Lebens steht. Liebende formulieren gern „Mein Herz". Sie verschenken ihr Herz. Sie haben sich von Herzen lieb und wollen damit zum Ausdruck bringen, daß sie ungeteilt ihrem Partner zugewandt sind. Wer mit *halbem* Herzen liebt, liebt geteilt, liebt oberflächlich und nicht hingebungsvoll. Auch im biblischen Denken wird das Herz als Zentrum der Person verstanden. „Ein Mensch sieht, was vor Augen ist; der Herr sieht das Herz", 1. Sam. 16,7. Oder der wiederholte Ruf der Bibel zur innersten Hingabe an Gott: „Du sollst den Herrn liebhaben von ganzem Herzen", Jer. 29,13 und an vielen anderen Stellen. Zwei Sätze des Neuen Testamentes haben sprichwörtliche Bedeutung gewonnen: „Wo euer Schatz ist, da ist euer Herz", Matth. 6,21 und „Wes das Herz voll ist, des geht der Mund über", Matth. 12,34.

Wieder kann an der *Bewegung* des Menschen abgelesen werden, was das Herz, was der Mensch im Innersten beabsichtigt. Die *Bewegungsrichtung* charakterisiert die Einstellung. Insofern ist das Herz des Menschen ein Barometer für die Gedanken, Wünsche und Verhaltensweisen.

Da aber das „Dichten und Trachten des menschlichen Herzens" – wie die Bibel formuliert – böse von Jugend auf ist, wird deutlich, wie das Herz Ausdruck unseres persönlichen Lebensstils ist. Der Mensch kann seine Herzlichkeit *benutzen*, kann mit bösen oder guten Absichten umgehen, kann ehrlich und hinterhältig verfahren. Darum ist die Qualität des *Herztyps* nicht größer als die des Kopftyps. Allerdings fällt mir auf, daß herzliches Verhalten – pauschal gesehen – höher bewertet wird. Viele glauben, daß Herzmenschen offener, ehrlicher, warmherziger, liebesfähiger, mitleidiger und barmherziger sein können. Die Verhaltensweisen der Kopfmenschen werden negativ bewertet: Sie handeln entsprechend kälter, distanzierter, härter, brutaler und natürlich liebloser. Es liegt auf der Hand, daß die Auseinandersetzungen zwischen beiden Typen leidenschaftlich geführt werden – nur mit verschiedenen Waffen. Herz *und* Kopf signalisieren, was im Menschen vorgeht. Der Kopftyp wird gern als herzlos charakterisiert, er muß sich sagen lassen, daß er ein Herz aus Stein in der Brust trägt. Der sogenannte kalte Verstand, der ihm nachgesagt wird, töte alle herzlichen Beziehungen.

Der französische Philosoph *Blaise Pascal* hat in seinen *Pensées* Gedanken formuliert, die die Höherschätzung des Herzens gegenüber dem Kopf zu bestätigen scheinen. Sie lauten: „Das Herz hat viele Gründe, welche die Vernunft nicht kennt." Und so reagiert auch der Herztyp: Mein lieber Partner, du hast gar keine Ahnung, was in meinem Herzen vorgeht, was mein Herz sagen will, was es braucht. Dein Leitstern Vernunft wird niemals die Wege denken können, die mein Herz gehen will.

Sachlichkeit contra Gefühl

Die Eheleute B. verkörpern recht anschaulich die Herztyp- und Kopftyp-Ehe. Er ist 47 Jahre alt, hat das Dritte Reich und seine Auswirkungen noch am eigenen Leibe erlebt. Als drittes Kind – nur Jungens – wuchs er in sehr ärmlichen Verhältnissen auf. Das Essen war schlecht, die Portionen klein, und jeder der drei Jungens organisierte sich, wo was zu holen war. Er sagt: „Gefühle konnten wir uns nicht leisten. Hunger erfordert schnelles Zupacken. Rücksicht nahm keiner. Jeder war sich selbst der Nächste."

Die Ehefrau sitzt daneben und nickt mit dem Kopf, zieht ein vielsagendes Gesicht und fällt ihm schließlich ins Wort:

„So herzlos, wie du als Kind warst, bist du heute auch noch. Du denkst nur an dich, auf meinen Gefühlen trampelst du herum. Die interessieren dich einfach nicht."

Sie weint. Dicke Tränen kullern die Backen herunter. Ihre Stimme gehorcht ihr nicht mehr. Er blickt einen Wimpernschlag lang zur Seite, registriert ihre Reaktion und spricht, ohne auf sie einzugehen, weiter.

„Mein Vater ist gefallen. Meine Mutter starb 1948 an Tuberkulose. Damals war man nicht in der Lage, die Krankheit wirksam zu bekämpfen. Wir Jungens haben uns durchgeboxt."

Die Frau unterbricht einen Augenblick ihr Schluchzen und sagt:

„Heute boxt er sich auch noch durch, in der Firma, in der Ehe, in der Familie, überall. Glauben Sie ja nicht, daß er Rücksicht nimmt. Für ihn zählen nur Tatsachen und Erfolg."

Herr B. ist in der Uhrenindustrie tätig. Die Branche hat auf dem Markt hart zu kämpfen. Die Konkurrenz ist groß, weil die Billigimporte das Geschäft verdorben haben.

Diesmal kommt er seiner Frau entgegen und antwortet: „Du hast recht. Im Geschäftsleben herrschen andere Spielregeln als in der Kirche." Herr B. merkt, was er gesagt hat (er befindet sich in einer Beratungsstelle der Kirche) und lächelt mich verbindlich an:

„Ich will Ihnen nicht zu nahe treten. Die Kirche muß auch noch andere Spielregeln anwenden, aber das ist in der Wirtschaft unmöglich. Da zählen keine Gefühle, da zählen Abschlüsse. Mildtätigkeit und Wirtschaft sind wie Feuer und Wasser."

Herr B. spricht hart und prägnant, seine Frau weich und gefühlvoll. Sein Lebenshintergrund hat ihn hart und unerbittlich werden lassen. Er hat folgende Schlüsse aus seinem Leben gezogen, die ihm wie unverstandene Leitlinien vor Augen schweben. Sie sind ihm kaum bewußt, aber er handelt so, *als ob* sie ihm wie klar formulierte Ziele vor Augen stünden:

– Gefühle sind schöne menschliche Eigenarten, die das Leben bereichern, die sich aber nicht in der Lohntüte niederschlagen;

– mit Nachgiebigkeit, Mitleid und Mildtätigkeit kann man Menschen Freude machen, aber nicht das Leben meistern;

– im Beruf, in der Ehe und in der Familie muß man immer den *klaren Kopf* behalten und den Ton angeben.

Herr B. ließ sich in einer Beratungsstunde über die Familie etwa so aus:

„Auch die Familie ist wie eine kleine Firma organisiert. Sie braucht einen Kopf und muß zielstrebig gesteuert werden. Wenn die Prinzipien der Vernunft nicht den Vorrang haben, ist sie nicht konkurrenzfähig."

– Nur handfeste Argumente überzeugen. Nur sachliche Erwägungen beeinflussen die menschlichen Entscheidungen. Darum muß das Leben, einschließlich Ehe und Familie, sachlich und praktisch organisiert werden.

Frau B. war ältestes Kind, fühlt sich aber den Lebensaufgaben nicht gewachsen und überließ alles der Mutter und der jungen

Schwester, einer sehr lebenstüchtigen und praktischen Frau. Sie wandte sich den *schönen Dingen* des Lebens zu, nahm schon sehr früh Ballettunterricht, spielte Klavier und wurde Modezeichnerin. Heute entwirft sie Kleider für sich selbst, für Freunde und Bekannte. Aber ständig liegen Mann und Frau im Kampf, wenn es um die Einrichtung von Wohnzimmer, Küche und Keller geht. Er läßt *nur* praktische Gesichtspunkte gelten, wie sie sagt; sie läßt ihre „schrankenlose Phantasie" schweifen, wie er meint, und kauft die „unsinnigsten Sachen der Welt" zusammen. Offensichtlich steht Kopf gegen Herz.

Wir arbeiten gemeinsam noch einmal heraus:

– Beide haben verschiedene Lebensstile entwickelt, die von den Partnern auf dem Hintergrund ihres persönlichen Lebensschicksals entworfen wurden. Beide haben sich zu Lebensstilen entschieden, die im zwischenmenschlichen Zusammenleben je ihren speziellen Stellenwert haben.

– Frau B. und Herr B. haben sich *angezogen,* weil der Kopftyp eine wesentliche Ergänzung brauchte und suchte. Er war „verschossen" in seine Freundin, die ihm eine Welt eröffnete, die er bislang nicht kennengelernt hatte. Sie bereicherte sein Leben und lenkte seine Augen auf eine neue Dimension. Die Frau war fasziniert von der Logik des Denkens, von der Sachlichkeit seiner Handlungen und seiner enormen Lebenstüchtigkeit. Sie bewunderte seinen Scharfblick und lobte seine klare Argumentation.

– Beide kämpfen miteinander, weil jeder sein Prinzip als das bessere und wertvollere hinstellt. Der Mann benutzt seine Logik und führt seine Lebenstüchtigkeit ins Feld. Er verdient über 5000 DM im Monat und versucht, mit Zahlen ihre Gefühle vom Tisch zu fegen. Er rechnet ihr vor, wo die Familie hinkommt, wenn sein Prinzip nicht mehr Priorität Nr. 1 genießt. Sie beruft sich auf ihre Gefühle, auf ihr empfindliches Nervenkostüm, auf ihre mangelnde Hingabefähigkeit, auf die Eiseskälte zwischen ihm und „die eingefrorene Atmosphäre".

Bei ihrer Eheschließung waren Freunde, Bekannte und Verwandte von der idealen Ergänzung begeistert. Beide lebten das Hand-in-Hand-Arbeiten von Kopf und Herz. Bis einer anfing, seine Beiträge höher einzustufen, und ein anderer anfing, sich herabgesetzt zu fühlen. Die Eheperson ist krank, weil beide ihre Vorurteile pflegen. Die Ehe leidet, weil beide ihre Steckenpferde reiten. Sie vergleicht sich und bevorzugt ihre Gaben, die Gleichwertigkeit ist in Frage gestellt.

Sie sagt: „Ich könnte ihn umbringen, wenn er mit seiner schneidenden Logik meine Unlogik zerfetzt. Dabei bleibt er ruhig wie ein Computer. Das bringt mich zur Weißglut."

Er setzt sie mit seiner Ruhe ins Unrecht. Seine Gelassenheit ist ein gelebter Vorwurf. Er dokumentiert seine Überlegenheit, und sie erfährt sich als Versager.

In einer Stunde, in der beide ihre Vorurteile und ihre Waffen fallen lassen, sagt er bekümmert: „Und wir zwei wollen Christen sein. Ich schäme mich." An dieser Stelle sticht sie nicht nach und sagt: „Ich schäme mich auch." Die Eheperson kann gesunden. Herz und Kopf kooperieren wieder etwas besser. Beide haben verstanden, was das Neue Testament so formuliert:

„Es gibt verschiedene Gaben; doch sie werden alle von demselben Geist ausgeteilt. Es gibt verschiedene Fähigkeiten, doch derselbe Gott schafft sie alle... Das Auge kann nicht zur Hand sagen: ‚Ich brauche dich nicht!' Der Kopf kann nicht zu den Füßen sagen: ‚Ich brauche euch nicht!' Gerade die Teile des Körpers, die schwächer erscheinen, sind besonders wichtig... Gott hat unseren Körper zu einem Ganzen zusammengefügt und hat dafür gesorgt, daß die geringeren Teile besonders geehrt werden. Denn Er wollte, daß es keine Uneinigkeit im Körper gibt, sondern jeder Teil sich um den anderen kümmert. Wenn irgendein Teil des Körpers leidet, dann leiden alle anderen mit ihm."[3]

Wenn der Ehepartner
an die Kette gelegt wird

Es gibt viele Möglichkeiten, den Lebenspartner fest an sich zu binden. All die Angebundenen und Eingesperrten haben vermutlich seit Jahrtausenden das Wort in die Welt gesetzt und gesagt: „Die Ehe ist ein Gefängnis." Ungezählte sind davon angesteckt, sie befürchten, daß spätestens auf dem Standesamt die persönliche Freiheit abgeliefert wird.

Die Ketten der Ehe können verschiedenartig aussehen. Die *Kontrolle* des Partners, der über jeden Schritt Rechenschaft ablegen muß, ist *eine* Kette. Wo er geht und steht, was er auch unternehmen will, die Kontrolle funktioniert. Er muß anrufen, Telefonnummern hinterlassen, Ankunft und Abfahrt signalisieren und genauestens über seine Tätigkeiten berichten. Der Frei- und Spielraum, der ihm bleibt, ist klein. Liebend gern möchte er mal tun und lassen können, was ihm Spaß macht, ohne das geliebte Auge seines Partners im Genick zu spüren. Es erübrigt sich zu sagen, daß solche Sklaven dann ausbrechen, wenn der Partner selbst angekettet ist, krank daniederliegt, ein Kind bekommt, im Krankenhaus verweilt, eingespannt ist oder beruflich mit Arbeit über beide Ohren eingedeckt ist. Alle möglichen Krankheiten sind beliebte Liebesketten. Der Partner wird kurzgehalten, muß Rücksicht nehmen und wird gewaltsam an die Seite des Ehepartners geholt.

Was Bronchialasthma bezwecken kann

Ohne daß sich ein Lebenspartner darüber klar ist, kann er Krankheiten für seine Beziehungen nutzbar machen. Der Psychoanalytiker Hans G. *Preuss*, leitender Arzt einer psychotherapeutischen Privatklinik, hat in einem seiner Bücher ein Beispiel solcher *Verkettung* beschrieben. Die Ehefrau leidet an Bronchial-asthma und ist dadurch zeitweise unfähig, den Aufgaben in der Familie nachzukommen. Sie bindet den Mann strikt ans Haus, der selbstverständlich die Funktionen der Frau mitübernehmen muß. Sie gerät in eine „passive Abhängigkeit", wie *Preuss* das formuliert, sie macht sich abhängig und legt damit den Ehepart-ner an die Kette. Die Neurose zu zweit wird daran deutlich, daß beide Partner der Ergänzung bedürfen. Einer befriedigt die neu-rotischen Bedürfnisse des anderen. Beide geben ein Stück Selb-ständigkeit auf. Der Mann beteuert zwar, daß er eine gesunde Ehepartnerin haben will, befriedigt aber unverstanden seine Be-dürfnisse als Pflegeperson[1]. *Preuss* schreibt:

„Ihm ist nicht bewußt, daß er damit die Hilfsbedürftigkeit sei-ner Frau unterstützt und ihre Abhängigkeit von ihm fördert. Er gibt sein eigenes Bedürfnis nach fürsorglicher Zuwendung zu-gunsten seiner Frau auf, indem er sich selbst zum Pfleger macht... Auf der unbewußten Bühne seiner frühkindlichen Konflikte erfüllen sich seine Wünsche nach Zuneigung. Er ‚miß-braucht' seine kranke Frau, um sich in seiner unbewußten Rolle bestärkt, bestätigt und seiner Partnerin gegenüber überlegen zu fühlen. Der kranken Ehefrau steht mit ihren Symptomen die Macht zur Verfügung, sich durch Verschlechterung jeweils mehr Pflege und zugleich ihrem Partner mehr narzißtische Befriedi-gung zu verschaffen."[2]

Was zeigt die Verkettung im einzelnen:

1. Die Ehefrau hat einen Vater gehabt, mit dem sie im Kampf lag. Sie tat, was er nicht wollte. Sie handelte *unvernünftig* und brauchte einen vernünftigen Vater, der die Dinge wieder ins Lot brachte. Noch heute hält sie es in ihrer Ehe genauso. Leichtfertig und unvernünftig läuft sie beispielsweise in zugigen Räumen nackt herum, stellt sich unbekleidet ans geöffnete Fenster und setzt sich ständig Erkältungskrankheiten aus, die ihr Asthma verschlimmern. Sie will sich befreien und zieht die Pflege des Mannes auf sich. Sie handelt gegen die Vernunft. Ihr Mann *muß* sich kümmern.

2. Es gibt Verzahnungen und Verkettungen, die auf Anhieb nicht durchschaubar sind. Die Frau hat ihre innere Abhängig-keitsbeziehung zum Vater auf den Ehepartner übertragen. Für den Mann ist das Asthma eine Aufforderung, sich fürsorglich um seine Frau zu kümmern. Seine fürsorgliche Lebensstilgrundhal-tung kann er mit ihrer Unvernünftigkeit rechtfertigen. Je mehr

sie sich auflehnt, desto väterlicher und fürsorglicher muß der Ehemann seine Rolle wahrnehmen.

Preuss bemerkt dazu:

Dem Symptom des Asthmas kommt in der Beziehung der Ehepartner zueinander ein besonderer Stellenwert zu: Das Asthma festigt die Partnerbeziehung in neurotischer Verstrickung, wirkt aber dem Bestreben nach Autonomie entgegen. Über das Asthma kann die Frau nicht nur die Zuwendung ihres Mannes immer wieder erzwingen, sondern durch ihre Hilflosigkeit und Abhängigkeit von ihm sogar rechtfertigen."[3]

3. Die Atmung ist eine *vegetative* Funktion, das heißt, sie kann vom Willen nicht gesteuert werden. Der Mensch ist in der Lage, schnell oder langsam, tief oder oberflächlich zu atmen. Der Mensch kann den Atem anhalten. Daraus wird deutlich, daß die Atmung unserem Bewußtsein nähersteht als die anderen vegetativen Funktionen. Erregung, Schock, Angst, Freude und Gefühlserlebnisse beeinflussen die Atmungstätigkeit. Atmung steht auch im Dienste des Riechens und des Sprechens. Im Sprechen geben wir etwas an die Außenwelt ab, beim Riechen nehmen wir etwas von der Außenwelt auf. Bei Atembeschwerden sind also die Beziehungen zur Umwelt gestört.

Der Psychotherapeut Josef *Rattner* kennzeichnet die Seele des Asthmatikers so:

„Viele Beobachter dieser Krankheit stellten fest, daß die von ihr Befallenen ein ungewöhnlich großes Liebesbedürfnis haben. Es sind Menschentypen, deren Mutterbeziehung durch ängstliche Bindung und Furcht vor Liebesverlust gekennzeichnet ist. Irgendwie fühlen diese Menschen unbewußt, von einem ihnen bedeutsamen Partner in der Kindheit, vornehmlich der Mutter, im Stich gelassen zu werden. Oft vereinigen sie in ihrem Wesen Anlehnungsbedürftigkeit und aggressive Tendenzen, so daß sie innerlich zwischen Angst und Abwehr hin und her gerissen sind."[4]

Die Beziehungen zur Umwelt, zum Partner in erster Linie, sind gestört. Das starke Liebesbedürfnis produziert Verhaltensweisen, mit denen der Ehegefährte geklammert wird. Ihre Sehnsucht, sich anzulehnen und liebevoll betreut zu werden, ruft die Krankheitssymptome hervor, die am leichtesten vom Körper produziert werden können und die dem Partner mit-leidige Reaktionen nahelegen. Die Bindung ist perfekt, die Ketten halten.

Die Ehe ist ein Spiegelbild der frühkindlichen Eltern-Kind-Beziehung. In den ersten Lebensmonaten und -jahren erlebt das Kind alle Aspekte, Vorzüge und Schattenseiten der menschlichen Beziehung. Wärme und Kälte, Nähe und Distanz, Klammern und Abgestoßenwerden erfährt das Kind und zieht seine Schlüsse. Es baut die positiven und negativen Erfahrungen in seinen Lebensplan ein, wählt auf diesem Erfahrungshintergrund seinen Partner. Sind allerdings die normalen frühkindlichen Bedürfnisse unbefriedigt geblieben, kann ein Partner im späteren Eheleben überstarke regressive Verhaltensweisen an den Tag legen. Regression wird als ein Zurückfallen auf kindliche Verhaltensmuster verstanden. Das gegensätzliche Verhaltensmuster wird als Progression charakterisiert und deutet an, daß der Erwachsene seine Schwächen und kindlichen Wünsche mit einer Erwachsenenfassade überspielt. Normal sind die partnerschaftlichen Beziehungen, wenn beide in der Lage sind, sich regressiv und progressiv zugleich zu verhalten. Das harmonische Wechselspiel, sich fallenzulassen, sich gehen zu lassen und wieder reif und erwachsen zu handeln, sind unter anderem Kennzeichen von Reife und seelischer Gesundheit.

Der Schweizer Analytiker *Jürg Willi* beschreibt diesen Wiederholungsprozeß so:

„Die intime Paarbeziehung bietet eine Menge regressiver und progressiver Verhaltensmöglichkeiten an. Keine menschliche Beziehung kommt der frühkindlichen Eltern-Kind-Intimität so nahe wie die Ehe. Keine Beziehung gewährt eine so umfassende Befriedigung elementarster Bedürfnisse nach Einssein, Einandergehören, nach Pflege und Umsorgung, Schutz, Geborgenheit und Abhängigkeit. Die Verhaltensweisen zweier Verliebter sind denn auch in vieler Hinsicht denjenigen zwischen Mutter und Säugling ähnlich: Sie halten sich in den Armen, sie streicheln sich, suchen Hautkontakt, blicken sich tief in die Augen, lächeln sich an, drücken und klammern sich fest aneinander, sie herzen, scherzen und küssen sich, auch ihre Sprache regrediert oft auf präverbale Laute und frühkindliche Ausdrucksweisen ... Bei gestörten Ehepaaren sehen wir besonders häufig die Verbindung eines Partners, der Bedürfnis nach überkompensierender Progression hat, mit einem Partner, der das Bedürfnis nach regressiver Befriedigung hat. Sie verstärken und fixieren sich gegenseitig in diesem einseitigen Verhalten."[5]

Regressives Verhalten finden wir häufig bei Frauen, die sich gern anlehnen und beschützen lassen. Sie gehen reifen Verhaltensweisen aus dem Wege. Schon als Kleinkinder wurden sie oft überbeschützt, verwöhnt und zu wenig auf eigene Beine gestellt. Sie haben nicht gelernt, eigene Entscheidungen zu treffen, sondern weichen in Anklammerung und Abhängigkeit aus. Aus Angst vor Überforderung und Bestrafung geben sie sich klein und hilflos und trauen sich nicht aufs glatte Parkett der Welt; jedenfalls halten sie es für glatt und gefährlich. Die neurotische Verquickung zeigt sich darin, daß die Partner – oft sind es die Männer – aus der *progressiven* Position heraus denken und handeln. Sie wollen stark sein, müssen hart und kernig erscheinen. Überall glauben sie, überlegen und lebenserfahren sein zu müssen. Sie werden zum ritterlichen Beschützer und zur Stütze der Frau. Bei ihnen findet sie Schutz, Geborgenheit und Trost. Sehr oft haben diese Männer als Kinder gelernt, die Zähne zusammenzubeißen, nicht zu heulen, sich nicht weich und rührselig zu zeigen. Sie können sich schlecht fallenlassen, verachten alle regressiven Tendenzen und leben in den Ehepartnern ihre kindlichen und kindhaften Verhaltensweisen. Daß übertriebenes regressives Verhalten eine Ehe stark belasten kann und dem Partner Fesseln angelegt werden, soll das folgende Beratungsbeispiel zeigen:

Wenn die Erde vibriert – ein Fallbeispiel

Die Wahl des Symptoms hängt davon ab, was dem Menschen als wirksam erscheint. Nur die Symptome, die der Mensch als wirksam erkennt, produziert er weiter. Symptome, die ihren Zweck nicht erfüllen, gibt er schnell wieder auf.

Der Mensch entwickelt Angst, ich kann auch sagen: er *produziert Angst*, um einen Menschen an sich zu fesseln. Das kann der Lebenspartner sein, das kann – vom Kind her gesehen – die Mutter sein.

Frau M. kann nicht allein auf die Straße gehen. Seit zwei Jahren hat sie diese Symptomatik. Viele Menschen in ihrer Umgebung haben versucht, ihr diesen „Spleen" auszureden. Frau M. ist immer scheuer und schüchterner geworden, über diese Problematik frei und offen zu reden. Sie möchte nicht als krank angesehen werden. In der Bibelstunde haben ihr gute Bekannte geraten, vorher zu beten und sich dann vertrauend hinauszuwagen. Der Rat war nicht ungeistlich, traf aber keineswegs den Kern der Sache. Ihr Problem liegt woanders, und das müssen wir zuerst erkennen, um ihr effektiv helfen zu können:

Sie sagt: „Ich habe den Eindruck, der Boden wackelt. Die ganze Erde vibriert. Ich wage gar nicht mehr, offen darüber zu reden, weil man mich für verrückt halten könnte."

Ich: „Sie haben das Gefühl, Sie können sich nicht aus dem Haus wagen. Sie verlieren das Gleichgewicht oder können sich nicht auf den Beinen halten."

Sie: „Ich würde mich schon hinauswagen, wenn mich jemand fest unterhakt."

Ich: „Wenn Sie einen starken Schutz hätten."

Sie: „Und den habe ich eben nicht. Ich komme mir völlig schutzlos vor."

Ich: „Sie kommen sich schutzlos vor, ohne Halt, oder wie verstehen Sie das selbst?"

Sie: „Sehen Sie, meine beiden Töchter sind verheiratet. Beide wohnen einige hundert Kilometer von hier entfernt. Wir sehen uns selten. Hin und wieder fahre ich hin. Was habe ich noch?"

Ich: „Ihre beiden Kinder sind aus dem Haus. Sie vermissen sie sicher. Und Ihr Mann?"

Sie: „Ja, wenn wenigstens eine Tochter bei mir wohnte! Der Beruf frißt ihn auf. Jeden Tag Überstunden, und am Wochenende hockt er über mitgebrachter Arbeit."

Ich: „Mit anderen Worten: Sie finden sich im Stich gelassen, allein, ohne Halt."

Sie: „Ich bin auch so machtlos. Mit keinem Mittel kann ich ihn zwingen, seinen Lieblingsplatz hinter dem Schreibtisch zu räumen. Er lebt und stirbt für die Firma."

Was wird in diesen Gesprächen deutlich?

– Frau M. fühlt sich allein und im Stich gelassen. Die Kinder sind aus dem Haus. Sie kann sie nicht mehr betreuen, für sie sorgen. Sie fühlt sich überflüssig.

– Ihre Ehe scheint problematisch. Der Ehemann sieht im Beruf offensichtlich seinen einzigen Lebenssinn. Über eheliche Gemeinsamkeiten spricht Frau M. nicht. Beide leben aneinander vorbei.

– Frau M. möchte gern ihren Mann *zwingen*, seine beruflichen Ambitionen zu drosseln, um sich ihr mehr zuzuwenden. Sie schildert es freimütig. Hier liegt der Schlüssel zum Verständnis ihres Platzangst-Symptoms. Sie fühlt sich ohnmächtig und machtlos.

– In ihrer Machtlosigkeit produziert sie ein Symptom, das durchschlagender wirkt, als man es sich vorstellen kann. *Allein* kann sie nicht mehr auf die Straße, weil tatsächlich in ihrer Vorstellung die Erde bebt und vibriert. Auf diese Weise *zwingt* sie ihren Mann, sie zu begleiten, mit ihr Einkäufe zu machen, Besuchsverpflichtungen zu erfüllen und Geselligkeiten mit ihr aufzusuchen. Gemäß ihrem Lebensstil – ich brauche einen Menschen, der mir beisteht – hat sie im Bereich des Gefühls ein Symptom gewählt, das ihr persönlich erfolgversprechend zu sein scheint.

– In der Beratung lag mir daran, auch den Ehemann zu gewinnen und im Dreiergespräch die eheliche Situation zu verbessern und die *Flucht* in die Arbeit bewußtzumachen. Auf dem Wege einer verbesserten Partnerbeziehung verringerten sich allmählich die Platzangst-Symptome.

– Platzangst, die die eigene Wertlosigkeit vertuschen soll. Frau M. leidet an ihrer *Wertlosigkeit*. Sie will sie nicht eingestehen. Alfred *Adler* erklärt die Zusammenhänge von Symptomen und Wertlosigkeit so:

„Es ist keine Frage, daß der Betreffende leidet. Aber er zieht diese Leiden noch immer jenen größeren vor, um nicht bei der Lösung wertlos zu erscheinen. Er nimmt lieber alle nervösen Leiden in Kauf als die Enthüllung seiner Wertlosigkeit. Beide, der Nervöse und der Nicht-Nervöse, werden einer Feststellung ihrer Wertlosigkeit den größten Widerstand entgegensetzen, aber der Nervöse weit mehr... Er wird darauf bestehen: Ich möchte gesund werden. Ich will von den Symptomen befreit sein. Deshalb geht er zum Arzt. Was er aber nicht weiß ist, daß er etwas noch mehr fürchtet, als etwas Wertloses dazustehen. Es könnte sich etwa das düstere Geheimnis entpuppen, daß er nichts wert sei. Wir sehen nun, was eigentlich Nervosität ist: ein Versuch, dem größeren Übel auszuweichen, ein Versuch, den Schein des Wertes um jeden Preis aufrechtzuerhalten."[6]

– Das Gebet, von Gott Kraft zu bekommen, um angstfrei nach draußen gehen zu können, zielt an der eigentlichen Problematik der Ratsuchenden vorbei. In dem Augenblick, wo der Frau die unbewußte Finalität (Zielgerichtetheit) ihrer Platzangstsymptomatik bewußt wird, kann sie beispielsweise um die Kraft bitten, nicht mehr so sklavisch an ihrem Mann hängen zu müssen. Das Gebet ist konkreter und bezieht sich auf das Problem ihrer *Abhängigkeit*. Sie kann darum beten, vorwurfsfreier mit ihrem Mann darüber reden zu wollen, daß sie ihn braucht und von ihm stark abhängig ist.

– Dem Mann wird klar, daß er die Arbeit benutzt, um vor der Umklammerung zu fliehen. Als er seine Lebensstilbewegung erkennt und die Frau vorwurfsfreier über ihre Bedürfnisse mit ihm spricht, bessert sich die eheliche Beziehung. Seine sogenannte Arbeitswut mindert sich und damit die Platzangstsymptomatik.

Auch dieses Beispiel macht deutlich, wie ein Mensch unbewußt zielgerichtet eine Krankheit benutzen kann, um den Ehepartner zu fesseln und zu ketten.

Die partnerschaftliche Ehe

Die glückliche und harmonische Ehe ist die *partnerschaftlich* geführte Ehe. Der Kernsatz Alten und Neuen Testaments „Liebe deinen Nächsten wie dich selbst" wird praktiziert.
Geben und nehmen,
bejahen und bejaht werden,
schenken und beschenkt werden,
Annahme und Angenommensein,
befriedigen und befriedigt werden,
ernst nehmen und ernst genommen werden,
bestätigen und bestätigt werden,
beglücken und beglückt werden,
achten und geachtet werden,
gelten und gelten lassen,
lieben und geliebt werden
stehen weitgehend ausgeglichen nebeneinander. Beides gehört zusammen.

Partnerschaft heißt:
Selbstliebe und Nächstenliebe sind unteilbar

Der Ehepartner billigt dem anderen die gleichen Rechte und Bedürfnisse zu wie sich selbst. Er gibt dem anderen das Maß an Zuwendung und Liebe, das er für sich selbst erstrebt. Das Wohlbefinden des einen erfordert das Wohlbefinden des anderen. Partnerschaft bedeutet: lieben und geliebt werden. Lieben aber heißt nicht, einander anzuschauen, sondern in die gleiche Richtung zu sehen und zu gehen. Im Alten Testament, im „Hohenlied Salomos", das der Dichtkunst des Königs Salomo zugeschrieben wird, kommt dieses Geben und Nehmen hervorragend zum Ausdruck:

„Ich bin meines Liebsten,
und mein Liebster ist mein",[1]
sagt die geliebte Frau. Sinnliche und personale Liebe sind eins.
Beide beschenken sich gegenseitig. Dazu schreibt der Theologieprofessor Helmuth *Gollwitzer* in einer Auslegung:

„Jeder findet seinen Reichtum nicht in sich selbst, sondern im
anderen. Jeder hat seine Lust nur, indem er dem anderen zur
Quelle der Lust wird ... Der Egoismus – ich brauche den anderen
für mich, für mein Glück – ist die Kraft des Eros; und die Er-
kenntnis: ich werde nur glücklich durch das Glück des anderen,
ist die Weisheit des Eros. Er weiß: Ich komme auf meine Rechnung nicht dann, *wenn* auch der andere, sondern nur dadurch,
daß auch der andere auf seine Rechnung kommt."[2]

Die Wünsche nach Liebe und Geliebtwerden kommen nicht
von einer Seite, vom Mann. So war es mal Sitte. Der Mann hatte
das Heft in der Hand, und zwar in jeder Beziehung: in der Wer-
bung um den Partner, in der Zärtlichkeit und in der sexuellen
Aktivität. Das Hohelied weiß nichts davon. Auffallend ist, daß
mit der erotischen Aktivität der Frau das Liebeslied beginnt. Die
Frau äußert ihre Wünsche ohne Scheu und offenbart ihre Gefühle. Sie geniert sich nicht und wartet züchtig, bis der Partner
den erotischen Ton angibt. Sie sagt, was sie fühlt. „Ich dürste.
O stille meinen Durst mit den Küssen deines Mundes!"[3]

Partnerschaft heißt nicht, in engelgleichen Tönen miteinander
umzugehen. Es kann rauh und herzlich zugehen, laut und kon-
kret. Beide Partner suchen gemeinsam einen Weg und finden gemeinsam eine Basis. Sie setzen sich auseinander, um so harmonisch miteinander zusammenzugehen. Partnerschaft ist nicht zu
vergleichen mit einem stillen und starren See. Partnerschaft beinhaltet Dynamik und Leben, Spannung und Entspannung. Nicht
zwei Egoisten kooperieren, sondern zwei Individuen verschmelzen zum *Wir*. Die Sachlichkeit triumphiert über die Ichhaftigkeit. Das Du wird im gleichen Maße respektiert wie das geliebte
Ich. Verliebte, die voneinander schwärmen, benutzen gern den
Ausspruch: „Zwei Seelen, ein Gedanke; zwei Herzen und ein
Schlag." Sie übertreiben, unterschätzen die Realität und verzer-
ren in romantischer Illusion die Wirklichkeit. Was bleibt in einer
harmonischen Partnerschaft von diesem Sprichwort übrig? Zwei
Herzen schlagen selbständig und müssen selbständig bleiben.

Die Identität der einzelnen Person muß unangetastet bleiben.
Die Verschmelzung käme einer Aufgabe der Originalität gleich.

Harmonie meint nicht, die charakterlichen Unterschiede zu beseitigen. Harmonie heißt, aus unterschiedlichen Tönen entsteht ein neues Klanggebilde.

Partnerschaft beinhaltet tiefe Beziehungen

Partnerschaft ist mehr als ein Eheversprechen, das vor dem Traualtar als heilige Verpflichtung abgegeben wurde. Nicht einer kann den anderen glücklich machen, beide sind Schlüsselpersonen *füreinander*. Sie können sich nur wechselseitig fördern, helfen und beistehen. Sie können nur wechselseitig Wege suchen, ihre individuellen Persönlichkeitsbedürfnisse zu befriedigen. Partnerschaft beinhaltet mehr als Begegnungen. Auf dem Parkett des menschlichen Lebens begegnen sich Menschen, registrieren sich für Augenblicke und verpassen einander wieder.

Unsere hochtechnisierte Gesellschaft steht tiefen menschlichen Beziehungen entgegen. Ihr wahnwitziges Tempo verlangt viel Oberflächlichkeit und Pseudogemeinschaftlichkeit. *Man* trifft sich und feiert eine Party. *Man* kommt zusammen und macht in Geselligkeit. *Man* hat unzählige Begegnungen, aber kaum enge Beziehungen. Die Gespräche plätschern dahin. Tiefe wird vermieden. Man steht, um nicht gründlich werden zu müssen. Die Personen wechseln, damit Tiefgang umgangen wird. In Hochhäusern und Ballungszentren ist die menschliche Beziehung am schlechtesten. Die Menschen laufen aneinander vorbei. In den riesigen Industriebetrieben ist es ähnlich. Der Mensch ist zur Nummer geworden.

Genau auf diesem Hintergrund ist Sehnsucht nach Intimität und fruchtbarer Zweisamkeit gewachsen. Die Einehe wird gebraucht wie nie zuvor in der Geschichte der Menschheit. Sie wird gleichzeitig überfordert, alle unausgefüllten Wünsche zu befriedigen. Aber sie hat die Chance, die Defizite unserer Massengesellschaft ein wenig auszugleichen. Die Ehe ist die *dichteste* menschliche Gemeinschaft, die längste und schwierigste, aber auch die lohnendste.

Tiefe Beziehungen beinhalten echte Intimität. Echte Intimität meint Freundschaft, Nähe, Gemeinschaft, Vertrautheit, Teilhabe an Freud und Leid und körperliche sexuelle Beziehungen. Tiefe Beziehungen meint Liebe, ein anderes Wort, das alle Aspekte umschreibt, die zwei Intimpartner miteinander verbindet. Und alle Faktoren gehören zusammen. Innige Körperbeziehungen sind auf Dauer an innige Kontakte auf den Gebieten Freundschaft, Nähe, Vertrautheit und Teilhabe geknüpft. Nicht das eine oder das andere.

Wie sehr tiefe Beziehungen gewünscht werden und wie hoch die Ehe im Kurs steht – trotz aller Unkenrufe –, zeigt die jüngste Untersuchung, die das demoskopische Institut Allensbach im April 1978 durchgeführt hat. Frau Professor Elisabeth *Noelle-Neumann* hat Untersuchungen von 1949, 1963 und 1978 verglichen. Die Zahlen sprechen eindeutig für sich. 1949 waren 91 Prozent der Männer und 77 Prozent der Frauen mit ihrer Ehe zufrieden. 1963 waren es 89 Prozent der Männer und 85 Prozent der Frauen. Im Jahre 1978 sprechen 99 Prozent (!) der Männer und 94 Prozent (!) der Frauen davon, daß sie mit ihrer Ehe „sehr zufrieden" bzw. „zufrieden" sind. Ich habe mir die Zahlen immer wieder angeschaut und glaube zuweilen an einen Druckfehler. Es steht aber schwarz auf weiß im „*Stern*"[4].

Wenn in der gleichen Umfrage 36 Prozent der Männer und 28 Prozent der Frauen – und das ist ein sehr hoher Prozentsatz – die Ehe für „überholt" halten, kann ich nur herauslesen, daß sie die *Institution* Ehe für überholt halten, aber nicht die feste Partnerschaft zu zweit, nicht die notwendige Intimgemeinschaft, in der Treue, Vertrauen und gemeinsames Glück die Hauptrolle spielen.

Die hohe Zahl der unzufriedenen Frauen in der Ehe kommentiert Frau *Noelle-Neumann* so: „Es ist ein Problem der Frauen. Die jungen Frauen, die 1949 noch die jungen Männer im Lob ihrer Ehe deutlich übertrafen, fallen jetzt hinter die Männer zurück ... Es könnte sein, daß das polygame Element in der heutigen Wirklichkeit von Ehe und Sexualmoral stärker durchschlägt, als es für das Glück der Frauen gut ist. Das Ergebnis von 1963 – mehr intime Freude vor der Ehe, weniger glückliche Ehe – deutet in die Richtung. Es könnte gut für das Eheglück von Frauen sein, sich etwas rar zu machen und ein bißchen auf Liebe zu warten."[5]

Partnerschaft lebt nicht von Vermutungen

Frau X. ruft eines Tages in der Beratung an und fragt, ob sie auch Ehegespräche wahrnehmen könne, wenn sie namentlich anonym bliebe. Sie kam und stellt sich etwas später mit einem Pseudonym vor. Den ersten Kontakt benutzt sie, sich nach allen Seiten abzusichern. Sie sieht faltig und vergrämt aus, verängstigt steht sie vor mir, Kummer steht ihr im Gesicht geschrieben.

"Mein Mann darf auf keinen Fall von meinem Besuch erfahren. Er könnte es nicht verstehen. Er ist Lehrer in leitender Funktion und sehr um sein Ansehen besorgt. Wir wohnen zwar auf Wuppertals Stadtgebiet, aber mein Mann ist außerhalb beschäftigt. Ich liege ständig mit ihm in Streit, wenn er erfährt, daß ich Freunde und Verwandte besucht habe, bei denen ich mich ausspreche."

Ich: "Sie können sich demnach mit Ihrem Gatten nicht zufriedenstellend aussprechen?"

Sie: "Fast gar nicht. Er ist verschlossen wie ein Grab. Was in ihm vorgeht, kann ich nur ahnen. Sprechen tut er kaum. Ich weiß aber, daß er um so mehr grübelt. Ich muß mich aussprechen. Wenn ich jemand meine Sorgen erzähle, klären sich meine Probleme. Ja, und da bin ich schon mittendrin. Ich fühle mich zu Hause wie eine Sklavin. Mein Mann äußert wenig Wünsche, aber ich weiß, was er alles erwartet. Er spricht die Wünsche nicht aus. Aber er zieht ein mieses Gesicht, wenn das Essen nicht pünktlich auf dem Tisch steht, wenn ich abends mal bei irgendwelchen Menschen verabredet bin. Er sitzt da, liest Zeitung, und ich muß dabeisitzen. Dann ist er glücklich. Aber wortlos soll ich dabeisitzen. Probleme hat er in der Schule genug. Er will nicht noch welche von mir hören."

Ich: "Und welche Probleme beschäftigen Sie?"

Sie: "Von Hause aus bin ich Theologin. Meinen Mann kannte ich schon lange. Während meines Vikariats haben wir geheiratet. Das Vikariat habe ich zu Ende gebracht und wurde Hausfrau. Unsere einzige Tochter studiert inzwischen in München. Ich möchte gern beruflich wieder etwas leisten. Ich möchte für andere dasein und nicht nur ein schönes Haus pflegen und stumm neben meinem Mann sitzen."

Ich: "Und was sagt Ihr Mann zu den Vorstellungen?"

Sie: "Das ist es ja. Er weiß von nichts. Das heißt, ich habe mir mal vor Monaten ein Herz gefaßt und das Thema angeschnitten, und er hat es – ohne richtig zuzuhören – mit einer Handbewegung vom Tisch gefegt."

Ich: "Vielleicht hat er den Ernst Ihrer Wünsche nicht realistisch genug eingeschätzt?"

Sie: "Er will nicht. Ich weiß das. Ich kenne ihn -zig Jahre. Er will eine anständige Hausfrau, die wortlos alles tut und schweigt."

Ich: „Sie sind davon überzeugt und haben das in Gesprächen mit ihm geprüft."

Sie: „Ja, ich bin ganz sicher. In Gesprächen konnte ich es selbstverständlich nicht prüfen."

Ich: „Sie sagen ,selbstverständlich'. Ist es wirklich selbstverständlich, daß Sie ihn nicht darauf ansprechen können?"

Sie: „Ich weiß, er hat seine festgefügte Meinung. So still, wie er ist, so starr ist er auch."

Ich: „Und wie gehen Sie nun mit Ihren Bedürfnissen um? Was tun Sie, und was wollen Sie tun?"

Sie: „Jahrelang ertrage ich das schon. Ich muß mich damit abfinden. Er kann eine ebenbürtige Partnerin nicht ertragen. Er will meine Abhängigkeit. Ich muß das als meinen Lebensweg erkennen, vermutlich."

Ich: „Sie vermuten das. Darum sind Sie gekommen, wenn ich Sie richtig verstehe, um sich zu vergewissern, ob diese Einstellung zu verantworten ist."

Sie: „Darum bin ich auch hier. Ich mache allerdings kein Hehl daraus, daß ich Angst habe, meine Wünsche laut zu äußern. Ich könnte sein Bild von der Ehe in Frage stellen."

Was fördert die Beratung zutage?
– Frau X. lebt neben ihrem Mann her. Sie kreist um ihn herum, aber ein Austausch ihrer Gedanken und Gefühle findet nicht statt;

– Frau X. wagt nicht, ihre Bedürfnisse anzumelden. Ihre Wünsche und Vorstellungen behält sie für sich;

– Frau X. hat *einmal* einen zaghaften Anlauf genommen und ist an ihrem wortkargen Mann gescheitert, der mit einer Handbewegung das Problem vom Tisch gefegt hat. Vielleicht hat sie einen unpassenden Augenblick gewählt? War er überlastet oder erschrocken?

– Frau X. hat vielleicht seine *Ängste* angesprochen. Er könnte sie verlieren, wenn sie draußen Bestätigung findet? Es ist durchaus möglich, daß er ein Heimchen am Herd haben will, um vor Gesprächen, Geselligkeit und Kontakten nach draußen geschützt zu sein;

– Frau X. stellt *Vermutungen* an und bestärkt sich in ihren vagen Vermutungen. Sie wagt nicht, die Vermutungen abzuklären.

Der in sich gekehrte Mann bleibt bei sich und die Frau ebenfalls;

– Sie macht sich *ein Bild von ihm* und verstößt gegen eine fundamentale Lebensregel. Sie glaubt, seine Ideale zu kennen, und behandelt ihn nach ihren Vorstellungen;

– Frau X. wählt ein *Pseudonym*, weil ihre eigenen Ängste größer sind als die ihres Gatten. Sie schaut ihre großen Befürchtungen in ihren Gatten hinein;

– Frau X. fördert ihre *Resignation* und Depression, indem sie sich aus falsch verstandener Demut mit ihrem Los abfinden will. Sie glaubt, widerspruchslos ihr Schicksal bejahen zu müssen, und verkümmert zusehends an der Seite ihres Gatten.

Frau X. war verzagt und kaum zu bewegen, das eingefleischte Ehespiel zu verändern. Nach dem zehnten Gespräch fand Frau X. den Mut, ihren Gatten anzusprechen und ihn direkt mit ihren Wünschen zu konfrontieren. Er spürte ihren Ernst und hörte zu. Er kam sogar in die Beratung, nannte seinen richtigen Namen und war zutiefst erschrocken über den Kummer seiner Frau und ihre Verzweiflung. In einem der Dreiergespräche sagte sie: „Wir haben hier in wenigen Beratungsstunden mehr zu dritt über intime Dinge gesprochen als wir zwei in zwanzig Ehejahren."

Partnerschaft lebt vom Dialog. Ängste und Befürchtungen bauen Wände auf. Vermutungen fördern das Mißtrauen. Mißverständnisse schleichen sich ein und zerfasern die Harmonie. Bei Licht besehen, leiden beide, gehen aber ängstlich dem Partner aus dem Wege. Wer sich von seinem Partner ein „Bild" macht und unverrückbar daran festhält, verstößt gegen das zweite Gebot, das ausdrücklich den Menschen darauf hinweist, sich von Gott *und* den Menschen kein Bild zu machen. Wir pressen den Menschen in eine Schablone und zerstören die Offenheit für andere.

Partnerschaft muß gepflegt werden

Sie lebt von der Fürsorge, die zwei Liebende sich gewähren. Partnerschaft ist kein Perpetuum mobile, das am Traualtar oder vor dem Standesbeamten besiegelt wurde und nun reibungslos läuft. Sie muß geölt, geschmiert und genährt werden. Die amerikanischen Therapeuten H. und Ch. *Clinebell* formulieren es so:

„Ehepaare werden einander zur Hauptnahrungsquelle des Geistes. Jeder Ehepartner hat beträchtliche Macht, die Persönlichkeit des anderen zu nähren oder verhungern zu lassen. Der Bund zur Ehe ist die Verpflichtung zu gegenseitiger Verantwortung, die persönlichen Bedürfnisse des anderen zu befriedigen – ‚zu lieben und zu umsorgen' (wie es in der englischsprachigen Trauformel heißt), indem man es tut."[6]

Liebe muß immer neu *ausgesät* werden. Die Liebe ist keine Pflanze, die ewig grünt und blüht. Das sind romantische Trugbilder. Partnerschaft wird gepflegt, wenn beide Eheleute den Mut haben, *offen* zueinander zu sein. Offenheit meint beides: aufrichtig gegen *sich selbst*, gegen Fehler, gegen Schwächen, gegen Rechthaberei, gegen Neid, Mißtrauen, Egoismus und Sündenbockdenken usw. Offenheit meint aber auch die *Echtheit* gegenüber dem anderen. Gefühle werden ausgesprochen und Probleme offengelegt. Keiner kehrt Unangenehmes unter den Teppich. Keiner heuchelt dem anderen was vor, verschleiert Wünsche und schwindelt über seine Bedürfnisse. Ängste, Sehnsüchte, Träume, Realistisches und Unrealistisches müssen ausgesprochen werden. Das ist wirkliche Teilhabe.

Partnerschaft wird gepflegt durch *Vertrauen*. Vertrauen kann aber nur da wachsen und sich entfalten, wo zwei Menschen treu sein *wollen*. Wer dem anderen vertraut, muß auf ihn bauen können. Vertrauen kann ich nur, wenn ich mich auf den anderen verlassen kann, und offen kann ich nur sein, wo ich mich rückhaltlos ausliefere. Fehlt das Vertrauen, fehlt die Offenheit. Fehlen Offenheit und Vertrauen, fehlt die Basis. Die Trauformel „bis daß der Tod uns scheidet" muß von meinem Wollen uneingeschränkt bejaht werden. Halbherzigkeit untergräbt das Vertrauen und durchlöchert die Offenheit – wenn auch unbeabsichtigt. Warum? Weil der Partner, der Vorbehalte macht, dem anderen mehr oder weniger wortlos signalisiert: Auf mich kannst du dich nicht hundertprozentig verlassen.

Wir sagen zwar ja zueinander, können aber jederzeit wieder auseinandergehen, *wenn...*

– „Wir gehören zwar zusammen, aber durch überholte Gesetze lassen wir uns nicht knechten";

– „Wir lieben uns, im Augenblick jedenfalls, aber was morgen wird, werden wir sehen";

– „Freiheit bedeutet, daß wir frei sind, uns zu lieben, daß wir aber auch frei sind, auseinander zu gehen";

- „Wir lieben uns, aber wenn wir große Schwierigkeiten bekommen, haben wir jederzeit die Freiheit, auseinanderzugehen."

Fragen an die Partner
Kann es sein, daß ich mich dem Partner nicht rückhaltlos öffne, weil ich nicht rückhaltlos zu ihm ja sage?
- Kann es sein, daß sich mein Partner nicht rückhaltlos öffnet, weil ich ihm nicht rückhaltlos vertrauend entgegenkomme?
- Will ich mich ihm überhaupt restlos ausliefern, oder baue ich bewußt oder unbewußt Vorbehalte in unsere Partnerschaft ein?
- Liefere ich mich nicht aus, weil ich befürchte, meine Schwäche, mein Minderwertigkeitsgefühl, meine Mängel kommen ans Licht? Bemühe ich mich, die Mängel zu vertuschen, um nicht im Wert zu sinken?

Die partnerschaftliche Ehe beinhaltet Wandlung

Ehe ist nichts Statisches, Ehe bedeutet keinen Stillstand. Wo die Verhaltensweisen der Eheleute, wie sie im 1. Ehejahr praktiziert wurden, eingefroren werden, stirbt die Ehe durch Mangel an innerer Beweglichkeit und geistiger Flexibilität. Die Ehe ist kein Automat, sondern ein Suchen, ein Prozeß, Entwicklung, ein gemeinsames Suchen nach dem Leben. Ehe ist ein ständiger Dialog und eine unaufhörliche Weiterentwicklung. Die gestrige Ehe mit ihren eingefleischten Spielregeln, ihren unumstößlichen Eigenarten und mit ihren eintrainierten Zwängen ist eine Falle für morgen. Liebe und Ehe bedeuten nicht Stillstand. Wachstum, Reife und Veränderung gehören zum menschlichen Leben. Der eine Partner liebt und bejaht sie, der andere Partner nimmt sie als etwas Selbstverständliches, der andere erlebt sie als Bedrohung. Er weigert sich, den Wandel im anderen wahrzunehmen, und schon ist die eheliche Auseinandersetzung perfekt. Stillstand contra Wandlung, Gewöhnung contra Reifung, Schweigen contra Dialog. Miteinandersprechen bedeutet Leben, Dialog bedeutet gemeinsame Wandlung. Auch christliches Leben ist wie die Ehe „kein Gewordensein", wie Luther gesagt hat, sondern ein „Werden-Sein". Erneuerung, ständige Weiterentwicklung, ständige Entfaltung sind die Kriterien des Lebens. Die Betonung im Eheleben liegt auf dem *Gemeinsamen*. Einseitige Reifung läßt einen Partner hinter sich. Er bleibt buchstäblich auf der Strecke. Das Mittel, um solche *gemeinsame Wandlung* zu ermöglichen, ist der Dialog. *Sidney M. Jouravd*, ein führender amerikanischer Ehe- und Familienberater, sagte auf dem Jahrestreffen der amerikanischen Gesellschaft für Ehe- und Familienberatung dazu:

„Soviel ich sehe, führt solch Fahnden nach gangbaren, konstruktiven Wegen am besten im Zusammenhang mit Dialogen voran. Der Dialog braucht Mut, Verpflichtung und Ehrlichkeit. Wenn ein Partner findet, er könne nicht mehr mit dem anderen leben, dann ist nicht Scheidung oder Trennung angezeigt. Das ist so ähnlich wie beim Selbstmord. Wer sich selbst zu töten versucht, handelt übertrieben wörtlich. Mit seiner Tat sagt er, daß er nicht länger so weiterleben will wie bisher, und er sagt auch, daß er sich keine andere Art Leben vorstellen kann. Er will ja aber eigentlich nicht sein ganzes Leben beenden, sondern nur sein bisheriges Leben! Er versagt aus Mangel sowohl an Phantasie als auch an Nervenkraft."[7]

Der Dialog braucht in der Tat Mut. Mit der Eheschließung sollten beide Partner eine gegenseitige Verpflichtung eingehen, festgefahrene Gespräche fortzusetzen. Liegt es vielleicht daran, daß viele Menschen in Kindheit und Jugend so wenig Anstrengungsbereitschaft trainiert haben und unfähig sind, Gesprächsbarrieren zu überwinden?

Scheidung bedeutet Kapitulation. Scheidung bedeutet, daß ein Partner sich weigert, auf die bisherige Art weiterzuleben. Er ist aber nicht bereit, den Reifungsschritt *mit* seinem Partner zu vollziehen. Er will ihn billiger und problemloser haben. Vielleicht findet er jemand, der auf ihn hört, der auf ihn schwört, der ihn bewundert und anhimmelt. Es dauert nicht lange, und in der neuen Beziehung tauchen die alten Probleme wieder auf. Der Scheidungswillige hatte sie nicht bearbeitet. Ungewollt hatte er sie in die neue Beziehung hineingeschmuggelt. Wer den Dialog scheut, benutzt andere Weisen der Beeinflussung. Er kontrolliert, manipuliert und übt auf verschiedene Weisen Macht aus. Der Dialog bringt die gegenseitigen Spannungen, Bedürfnisse und Wünsche ans Licht. Es knistert, aber die Probleme liegen offen auf dem Tisch. Der Dialog ermöglicht eine Annäherung, baut Spitzen und Befürchtungen ab, räumt Mißtrauen aus und sucht nach Alternativen, das Eheleben gemeinsam zu meistern.

Die partnerschaftliche Ehe – das Schaufenster der Familie

Die Ehe ist die Achse, um die sich alle anderen Familienbeziehungen drehen. Ist die Achse gestört, sind automatisch die familiären Beziehungen nicht intakt. Irgendein Mitglied der Familie badet die leidvolle Beziehung aus. Auf dem Rücken eines oder mehrerer Kinder werden dann Eheschwierigkeiten oder Konflikte ausgetragen. Wie ein empfindlicher Seismograph bringt das Verhalten eines Kindes die unbewußten Störungen der Eheleute zum Ausdruck. Eine gute Ehe spiegelt eine zufriedenstellende Familienatmosphäre wider. Zufriedenheit, Gelassenheit und Harmonie beeinflussen positiv die Sozialisation der Kinder. Eltern haben es nicht nötig, unbewußt ihre Kinder als Opfer, Sündenböcke oder Prügelknaben zu benutzen. Partnerschaftliche Eheleute *teilen sich in die Führung*. Nicht der Mann hat das letzte Wort und trifft die Entscheidungen. Sicherlich gibt es Gebiete, wo der Mann kompetenter ist und sicherere Urteile abgibt. Charlotte *Clinebell* schreibt:

„Ein ‚Oberhaupt des Hauses‘ existiert nicht mehr. Der Mann als Haupt und die Frau als Herz müssen verschmelzen: Beide müssen sich in Leitung und Liebe teilen. In einer gleichberechtigten Beziehung wechselt die Führung vom einen zum anderen. Die Leitung darf nicht auf dem Führungsanspruch liegen, sondern auf dem geschmeidigen Zusammenhalt der Beteiligten!"[8]

Zeigt die Frau den besseren Geschmack, kann sie Farben und Stile besser aufeinander abstimmen, wird sie auf dem Gebiet stärkere Akzente setzen. Kann der Mann mit Bäumen und Sträuchern, mit Rosen und Pflanzen besser umgehen, wird er im Garten die Leitung übernehmen. In der Erziehung ist es ebenso. Mann und Frau stimmen sich ab und können dem einen oder anderen das Heft überlassen. Verschiedene Schulfächer kann der Mann besser beaufsichtigen, in Fragen der Disziplin gibt die Frau den Ton an, weil sie entschiedener und konsequenter das Zepter führt. Diese Flexibilität ist für Kinder eine Wohltat. Sie erleben ein fruchtbares Zusammenspiel und keine starre Ordnung und Hierarchie. Oben und unten, Dominanz und Unterwürfigkeit kommen in einer partnerschaftlichen Ehe nicht ins Auge springend vor. Mann und Frau ergänzen sich und spielen sich – auch in der Führung – die Bälle zu.

In der partnerschaftlichen Ehe respektiert jeder die *Selbstverwirklichung* des Partners. Keiner gibt seine Identität zugunsten des Partners preis. Eigenliebe und Nächstenliebe verlangen, daß die eigene Selbsterfüllung und die Selbsterfüllung des anderen im Gleichgewicht gehalten werden. Einseitiger Verzicht der Frau zugunsten des karrierebesessenen Ehemanns untergräbt die Gleichheit der Partner. Selbstverständlich verlangt eine ausgewogene Partnerschaft, daß Opfer *abwechselnd* gebracht werden, daß ein Partner einige Jahre auf Fortbildung, Weiterbildung und persönliche Sonderwünsche verzichtet. Partner unterdrücken sich nicht gegenseitig. Partner stellen keine unbilligen Forderungen, auch keine überhöhten Erwartungen. Beide respektieren ihre Bedürfnisse und handeln akzeptable Kompromisse aus. Dieser gegenseitige Respekt ist ein überzeugendes Modell für die Kinder. Sie erleben eine wohltuende Rücksichtnahme und können nicht gemeinschaftsfeindliche und unkooperative Verhaltensweisen kopieren. Die gelebte Partnerschaft der Eltern ist Vorbild für partnerschaftliches Verhalten der Kinder. „Wie die Alten sungen, so zwitschern auch die Jungen." Kinder ahmen nach. Wenn heute ungezählte Kinder destruktive menschliche Beziehungsmuster ausleben, spiegeln sie ein beschämendes unpartnerschaftliches Verhalten ihrer Eltern wider. Sie trainieren sozialfeindliche Interaktionsmuster und sind eines Tages wiederum unfähig, partnerschaftliche Ehen zu praktizieren.

Tips, die das Eheklima
verbessern helfen

Wenn die Ehebeziehung nicht mehr richtig funktioniert, wenn Sand im Getriebe ist, wie man sagt, sollten die Eheleute einen fachkundigen Eheberater aufsuchen oder ernsthaft durch Selbsthilfe die eheliche Kommunikation wieder flottzumachen versuchen. Aber nicht nur Eheleute mit auffallenden Störungen wünschen Hilfe, sondern auch ganz normale Personen, die ihre Beziehungen vertiefen möchten, die eine zusätzliche Bereicherung anstreben. Die Herausforderung, über die intime Partnerbeziehung nachzudenken, kann in allen Lebensphasen auftauchen. Es klingt überzeugend, was die amerikanischen Therapeuten *Howard* und *Charlotte Clinebell* beobachtet haben:

„Es scheint aber drei Perioden zu geben, in denen die Suche nach Intimität am wahrscheinlichsten verstärkt und drängend auftritt. Die erste liegt in der Verlobungszeit, wenn das Paar sich näher kennenlernt und Verhaltensmuster für Nähe und Distanz erprobt. Die zweite ist die Periode verstärkten Lernens im Anschluß an die Flitterwochen, die gewöhnlich zwei bis fünf Jahre andauert. Es ist die Zeit, in der zwei verschiedene Persönlichkeiten und die bei ihnen jeweils vorhandenen Bedürfniskomplexe, die in die Ehe eingebracht wurden, sich verknüpfen und in der man die neuen Rollen als Ehepartner übernimmt. Die dritte Periode zeigt sich oft während der mittleren Jahre – in den Vierzigern oder Fünfzigern –, wenn der Auszug der Kinder zugleich mit dem Gefühl des Alleinseins das Paar mit der eigenen gegenseitigen Beziehung konfrontiert. Diese entscheidenden Perioden könnten als *die drei Krisen der Intimität* bezeichnet werden."[1]

Je unvollkommener die zwischenmenschliche Kommunikation in den Anfängen der Partnerschaft, desto schmerzlicher und schwieriger die späteren Krisen. Die vielzitierte Krise in den mittleren Jahren ist darum besonders schwierig, weil sich die Partner mit ihren Schwächen und Mängeln abgefunden haben.

Sie haben sich zu einer Koexistenz-Ehe durchgerungen, tragen resigniert ihre Entfremdung, haben sich im Herzen mit einem Stück innerer Vereinsamung abgefunden und trauen es sich nicht mehr zu, mutig einen gemeinsamen Schritt für eine bessere Beziehung zu wagen.

Auf der anderen Seite lebt in jedem Menschen die Sehnsucht, dazuzugehören. Er will die Beziehung, er braucht die Beziehung, er lebt in der Gemeinschaft. Um Mensch sein zu können, braucht er andere Menschen. Kein Mensch ist eine Insel, und die Angst vor Einsamkeit treibt ihn zum Mitmenschen. *Alfred Adler* hob hervor:

„So bleibt nur ein einziges Maß übrig, an dem wir einen Menschen messen können: *seine Bewegung gegenüber den unausweichlichen Fragen der Menschheit.* Drei Fragen sind jedem unwiderruflich aufgegeben: die Stellung zu den Mitmenschen, der Beruf, die Liebe. Alle drei untereinander durch die erste verknüpft, sind nicht zufällige Fragen, sondern unentrinnbar. Sie erwachsen aus der Bezogenheit der Menschen zur menschlichen Gesellschaft."[2]

Dieses Gemeinschaftsgefühl, dieses Dazugehörigkeitsstreben, dieser Hunger nach Beziehung scheint ein biologisches Erbe der Menschen zu sein, wie *Adler* behauptet hat. Es motiviert den Menschen, seine Fühler auszustrecken und gestörte Beziehungen zu verbessern. Die Hauptkraft des Gemeinschaftsgefühles kennzeichnet das menschliche Verlangen, die Bedürfnisse nach Zuneigung, nach Anerkennung, nach Fürsorge, Achtung, Ansehen und sexueller Befriedigung zu stillen.

Einige praktische Übungen und Tips zur Selbsthilfe werden hier angeboten.

Liebe und Partnerschaft verlangen Offenheit

Gerade bewußten Christen möchte ich ins Stammbuch schreiben: Leben Sie die Offenheit! Seien Sie ehrlicher zueinander! Ich bin fest davon überzeugt, daß eine falsche Verkündigung in der Vergangenheit viele freie Christen zu verkrampften Menschen und Heuchlern erzogen hat. Wie ist es sonst zu verstehen, daß Eheleute, die mit Ernst Christen sein wollen, zu völlig falschen Verhaltensweisen gelangen? Oder liegt es daran, daß der Mensch schon in der Kindheit Erfahrungen *gemacht* hat, die er in seine

Lebens- und Weltanschauung einbaut, die er seinem Lebensstil einpaßt und mit dem er selbst als Christ Deutungen vornimmt, die der biblischen Vorstellung nicht entsprechen?

Frau G., eine ruhige, liebevolle Frau, die sehr beherrscht spricht und handelt, aber viele Wünsche nur im Herzen bewegt, wichtige Gefühle unterdrückt und Erwartungen verheimlicht, hat enorme Schwierigkeiten in ihrer Ehe.

Sie leidet darunter, daß sie als Christin die Schwierigkeiten nicht unter die Füße bekommt. Sie schweigt und geht den *unteren Weg*. Ihr Mann ist völlig verstört, als er von einem Nervenfacharzt erfährt, daß seine Frau voller uneingestandener Aggressionen gegen ihn sei, vom Bauchnabel abwärts völlig verkrampft und verspannt sei, aber mit dem Kopf von ihrem Mann Gutes rede und seine Vorzüge herauskehre. Frau G. fühlt sich unverstanden und wenig geliebt, glaubt aber als Christin, diesen unerfreulichen Zustand kommentarlos aus Gottes Hand hinnehmen zu müssen. Frau G. bringt mir in der ersten Stunde ihre Bibel mit, um mir an Hand der Heiligen Schrift zu beweisen, daß ihre Einstellung eine biblische Grundlage hat. Sie beginnt im Alten Testament und liest – die Stelle hat sie rot unterstrichen –: „Wo viel geredet wird, bleibt die Verfehlung nicht aus; wer aber seine Lippen im Zaum hält, handelt klug", Sprüche 10,19.

„Wer Einsicht hat, hält mit Worten zurück, und der Kaltblütige ist ein verständiger Mann", Sprüche 17,27.

„Der menschliche Eigenwille steht gegen den Geist Gottes und der Geist Gottes gegen den menschlichen Eigenwillen ...

Der Geist Gottes dagegen läßt eine Fülle von Gutem wachsen: Liebe, Freude, Frieden, Geduld, Freundlichkeit, Güte, Treue, Demut und Selbstbeherrschung" (Gal. 5,17.22).

Ich: „Frau G., was wollen Sie damit zum Ausdruck bringen?"

Sie: „Wenn ich rede und meine Zunge nicht bändigen kann, muß ich ihn doch beleidigen. Ich habe Wünsche, die er nicht versteht. Und nichts ist ungeistlicher als der menschliche Eigenwille. Sie haben es doch gehört, worum es geht, um Demut und Selbstbeherrschung."

Was kennzeichnet Frau G.s Lebensstil?

– Ich darf viele Dinge denken, aber nicht sagen. Denn was der andere nicht weiß, macht ihn nicht heiß;

– wenn ich Wünsche und Gefühle für mich behalte, werde ich den Partner nicht *beleidigen*. (Frau G. wird sehr nachdenklich, als sie im Gespräch erlebt, daß sie schon mit 8 Jahren diesen Lebensstilaspekt beherzigt hat und gegen ihre Mutter geschwiegen hat, um sie nicht zu beleidigen.) Diese trainierte Lebensgrundeinstellung versucht sie später christlich zu *rechtfertigen* und mit Bibelstellen abzusichern;

– ich muß die Gefühle, Wünsche und Erwartungen für mich behalten, weil mein Partner sie nicht *versteht*. (Schon als Kind habe sie die bittere Erfahrung gemacht, daß andere Menschen auf ihre Vorstellungen nicht eingingen. Sie war 4. Kind, kam sich überflüssig und übersehen vor und zog für sich den Schluß: Behalte deine Wünsche und Erwartungen für dich, die anderen verstehen sie sowieso nicht.);

– ich will eine gute Christin sein, und dazu gehört, daß ich mich als Frau an den Mann *anpasse* und *warte*, bis er kommt, schweige, wann er schweigt, ihn ehre und herausstelle und alle bösen Gedanken verdränge. (Daß der Mann bei dieser Kommunikationsbarriere nicht weiß, wie er dran ist, und verstört auf die Nachricht des Nervenarztes reagiert, ist einleuchtend. Beide leben zusammen und sind durch Welten voneinander getrennt.);

– ich muß alle Dinge des täglichen Lebens, Krankheiten und Eheschwierigkeiten stumm aus Gottes Hand nehmen. Ich kann nur geduldig dazu schweigen und ja sagen. (Frau G. unterstellt, daß ihre Ehekonflikte von Gott gewollt sind und sie tatenlos die Schwierigkeiten auf sich nehmen muß. In den Eheschwierigkeiten erkennt sie – unter anderem – das kommentarlose Aufsichnehmen ihres Kreuzes. Die fromme Dulderhaltung kann zur frommen Lüge werden, weil unter der Hand Gott für alle *hausgemachten* Konflikte, Schwierigkeiten und Nöte verantwortlich gemacht wird.);

– ich darf nicht zornig werden, Zorn ist ein ungeistliches und unchristliches Verhalten. Damit beleidige ich Gott und meine Mitmenschen.

Falsch verstandene Demut, falsch verstandene Selbstbeherrschung, das Unterdrücken von Gefühlen und das Schweigen an falscher Stelle sind Botschaften, die den Sinn der Ehe verfehlen und die biblische Ehedeutung verkehren. Unmißverständlich sagt die Bibel: „Darum wird ein Mensch Vater und Mutter verlassen und an seinem Weibe hangen und werden die zwei ein Fleisch sein. So sind sie nun nicht zwei, sondern ein Fleisch. Was nun Gott zusammengefügt hat, das soll der Mensch nicht scheiden" (Matth. 19,5f.).

Ein Fleisch hat die Bedeutung der *Ganzheit*. Sie geht über die leibliche Gemeinschaft hinaus. Die zwei sind ein neuer, lebendiger Organismus. Beide verkörpern eine totale Lebensgemeinschaft und sind so innig miteinander verbunden, daß Grenzen, die einer der Partner selbst aufrichtet, nicht dem Willen Gottes entsprechen. Diese totale Lebensgemeinschaft erfordert *totale* Offenheit und uneingeschränktes Vertrauen zueinander. Falsche Rücksicht, falsche Nachsicht, falsche Demut, falsches Schweigen und falsches Dulden – um des lieben Friedens willen – sind ehefeindliche Verhaltensweisen. Sie verhindern den Frieden, den sie fördern wollen, und fördern die eigene Verkrampfung und die Kluft der Partner.

Frau G. hat im guten Glauben gehandelt, hat ehrlich gegen sich selbst geschwiegen und viele berechtigte Wünsche unterdrückt. Sie hat am eigenen Leibe erfahren, wie sich *verdrängte* Erwartungen und Bedürfnisse auswirken und hat aus Überzeugung das Wort des Neuen Testaments gehört: „Hört also auf zu lügen und seid ehrlich zueinander; denn wir alle gehören zusammen als Glieder am Leibe Christi" (Eph. 4,25).

„Ehrlichkeit zueinander" hat nichts mit Bosheit und Kritiksucht zu tun. Wer ehrlich und offen ausspricht, was er fühlt und empfindet, will nicht demütigen und beleidigen, will nicht wehtun und quälen. Er möchte das Miteinander verbessern, das gegenseitige Verstehen erleichtern und dem Partner die Möglichkeit eröffnen, sich gezielter um seinen liebsten Partner zu bemühen. Wer dem anderen nicht sagt, was in ihm vorgeht, kann nicht erwarten, daß der Partner hellsichtig Wünsche und Bedürfnisse errät. Ehrlichkeit und Treue hängen eng zusammen. Dr. *Bovet* hat diesen Zusammenhang klar herausgestellt und geschrieben:

„Treue bedeutet zunächst einmal Ehrlichkeit. Den Ehegatten anlügen oder ihm bewußt etwas verschweigen, um sich irgendeinen Vorteil zu verschaffen, ist eine Form der Untreue. Ehrlichkeit besteht aber nicht nur im Nichtlügen, sondern sie verlangt eine Selbstmitteilung, den Wunsch, den Ehegatten wirklich in unser Herz hineinschauen zu lassen und ihm an unserem Innenleben teilzugeben." [3]

Treue *verlangt* die Selbstmitteilung, das Sich-Offenbaren. Treue hängt mit Vertrauen zusammen. Wer treu ist, vertraut sich dem anderen an. Und wer sich dem anderen anvertrauen kann, spricht sich aus. Er läßt seinen Kummer heraus.

Frau G. unterstellt, daß Zorn von vornherein geistlich disqualifiziert werden muß. Das ist selbstverständlich nicht so. Zorn ist menschlich. Aber wenn Zorn Sünde im Gefolge hat, dann wird der Zorn problematisch. Der Amerikaner Jay E. *Adams*, Leiter eines großen Seelsorgezentrums, schreibt über den Zorn und seine Folgen:

„Zorn soll nicht andauern, so daß keine neuen Gräben zwischen den Gläubigen entstehen oder alte vertieft werden. Es gibt eine Möglichkeit, mit Zorn fertig zu werden. Am selben Tag noch soll er überwunden werden: ‚Die Sonne soll nicht untergehen über eurem Zorn.‘ Zorn ist nicht dasselbe wie Groll. Mark. 3, 5 macht das deutlich. Dort lesen wir, daß Christus zornig und im Inneren aufgewühlt war. Obschon Christus also emotional sehr erregt war, ließ er es nicht zu, daß sein Zorn zum Groll wurde. Er war zornig, sündigte aber nicht."[4]

Nur wenn ich mich selbst akzeptiere, kann ich den anderen akzeptieren

Nur wenn ich mich selbst schätze, kann ich den anderen schätzen.

Nur wenn ich mich selbst achte, kann ich den anderen achten.

Nur wenn ich mit mir zufrieden bin, kann ich den anderen zufriedenstellen.

Nur wenn ich mich annehme, kann ich den anderen annehmen.

Die meisten Konflikte, die in Ehen auftauchen, sind Beziehungskonflikte. Viele Partner erleben widersprüchliche Gefühle. Auf der einen Seite suchen sie Nähe, Wärme und Geborgenheit, auf der anderen Seite haben sie Angst davor. Was ist das für eine Angst?

Der Partner ist sich seiner selbst nicht sicher. Er ist unsicher, wie er vom Gegenüber beurteilt wird. Seinen eigenen Wert schätzt er niedrig ein und sieht sich in den Augen anderer Menschen – besonders des geliebten Partners – klein und unliebenswert.

Was bezweckt er mit dieser Angst?

– Er strahlt wortlos *Abwehr* aus und signalisiert dem Partner, daß er blockiert und gehemmt ist und die Intimität verhindert, die er anstrebt;

– er *verspannt* sich und spiegelt eine Verkrampfung wider, die seiner Offenheit und Hingabefähigkeit im Wege steht;

– er macht sich etwas vor, wenn er seine *Zurückhaltung* als lebenswichtige Beziehungstechnik deutet. Aus Angst hält er sich zurück und gibt seinem Partner unbewußt zu verstehen: Sei vorsichtig!

– Er ist mit sich beschäftigt, klebt an seinen Problemen, grübelt über seine Haltung nach und verspannt sich als Folge unguter Ichhaftigkeit;

– er handelt übertrieben *nachgiebig*, schweigt zu Vorwürfen, läßt Dinge zu, die ihn überfordern, und wird weich, wo der Partner seinen Willen durchsetzt;

– er *unterdrückt* seine Bedürfnisse, um den Partner nicht zu verärgern, um ihn nicht zu verlieren. Und ihm wird nicht bewußt, daß er sich damit gegen sich selbst und die Ehe versündigt.

In den Begriffen Abwehr, Verspannung, Zurückhaltung, Nachgiebigkeit, Grübeln wird unbewußt das zielgerichtete Handeln des Menschen deutlich. Angst ist die gefühlsmäßige Begleitmusik der Handlungen:

– *Ich* gehe in Abwehr – nicht in mir ist Abwehr,
– *Ich* halte mich zurück – nicht irgend etwas hält mich zurück,
– *Ich* grübele – nicht ein geheimnisvolles Etwas grübelt in mir,
– *Ich* verhalte mich nachgiebig – nicht ein Über-Ich (oder was es immer sein mag) zwingt mich zur Nachgiebigkeit.

Was können wir praktisch tun?

a) Wir kämpfen nicht gegen uns

Und wie gehen wir dem Kampf gegen uns aus dem Weg? Wir schrauben die Selbstdiskriminierung herunter. Krieg mit sich selbst verhindert eine positive Partnerschaft. Wer gegen sich zu Felde zieht, ist unglücklich und unzufrieden, er macht sich und das Leben seines Partners zur Hölle. Statt das Gemeinsame anzusteuern, ist er mit Selbsthaß beschäftigt. Statt um die eheliche Harmonie bemüht zu sein, liegt er mit sich in lächerlichem Bürgerkrieg. Das Positive, das beiden nützt, kann er nicht wahrnehmen, er ist ja mit Flecken und Runzeln an sich beschäftigt. Und wer einmal auf die Suche geht, Fehler und Schwächen und Mängel *bei sich* zu entdecken, der steht plötzlich im Wald voller Minderwertigkeitsprobleme.

112

Der Individualpsychologe Erik *Blumenthal* drückt es so aus: „Worauf es ankommt, ist die Überwindung. Überwinden heißt weder kompensieren noch überkompensieren, weder sich beherrschen noch seine Gefühle kontrollieren. Ich kann mich in dem Augenblick überwinden, wo ich das als störend Empfundene akzeptiere, nicht weiter beachte, sondern das tue, was der Augenblick sachlich erfordert. Ob ich jetzt gleich einschlafe oder nicht, ob ich gerade rauche oder nicht, was immer es sein mag, es ist nie wichtig, daß ich mit mir kämpfen muß. Wenn ich diese Haltung einnehme, dann kann ich die Dinge und mich selbst überwinden."[5]

b) *Wir bejahen uns, so wie wir sind*

In dem Augenblick, wo wir auf andere Menschen schauen und uns *vergleichen,* tun wir uns Leid an. Wir sehen, was der Nachbar sich wieder angeschafft hat,
wir hören, daß Müllers Kinder alle zum Gymnasium gehen,
wir beneiden Frau X., die über Weihnachten nach Teneriffa gefahren ist,
wir ärgern uns über Herrn Y., der in seiner Firma befördert wurde,
wir reagieren eifersüchtig, weil Meiers Ehe so harmonisch verlaufen soll,
und wir quälen uns, daß wir alle Vorteile nicht haben, daß das Glück uns nicht hold ist und daß uns tausend Möglichkeiten entgehen.
Lucien *Jerphagnon* hat in einem Gebet falsche und richtige Einstellungen der Menschen zu sich selbst eingefangen. Menschen, die Gott ernst nehmen und Seinen Geist in sich wirken lassen wollen, haben die Möglichkeit, zum Wohle von Ehe und Familie die beglückende Selbstannahme einzuüben:
„Als ich ein Kind war, Herr, wußte ich das nicht.
Ich wußte nicht, daß man so müde, so müde seiner selbst sein kann.
Und sich dann sagt, daß man das Leben verfehlt hat.
Ich habe viele Versuchungen gekannt.
Diese ist wohl die schwerste.
Man möchte eine bessere Gesundheit,
einen glänzenderen Verstand,
einen nicht so armseligen Leib,

eine höhere Bildung...
eine andere Stellung und den großen Kredit,
den gewisse Leute haben...
Man entdeckt bei den anderen hundert Chancen,
die einem selbst zugestanden wären,
und hundert Gelegenheiten, die man selbst niemals gehabt hat...
Die Träume sind aus.
Es bleibt nur mein Leben – das wahre, das ich leben muß.
Mein Leben, wie es nun einmal ist,
und meine arme Gesundheit
und meine ruhmlose Laufbahn.
Alles, Herr, möchte ich jetzt annehmen,
auch mich selbst, so arm wie ich bin.
Ich will mich nicht mehr mit dem quälen,
was ,hätte sein können‘,
und mein Glück darin finden, zu tun,
was ich kann."[6]

Wir sagen ja zu uns, weil Er uns lieb hat. Die Bibel formuliert das so:

„Nehmt einander an, wie Christus euch angenommen hat."

Christus hat keine Bedingungen an uns gestellt, als er uns seine Liebe erklärte. Er hat uns akzeptiert und in seine Gemeinschaft aufgenommen. Wir sind frei geworden und haben Boden unter den Füßen. Wir sind frei geworden von der ständigen Sorge um uns selbst und von dem Zwang, immer im Mittelpunkt stehen zu müssen. Wir sind frei geworden von der Angst, wertvoll oder unwürdig in den Augen anderer zu sein. Wir sind frei geworden von der Angst, in der Ehe etwas richtig oder falsch gemacht zu haben, sind frei geworden von den Urteilen und Meinungen anderer Menschen, vom Mißtrauen gegen uns selbst und vom Zwang der Selbstverteidigung. Viele Christen tun sich schwer mit der *Selbstannahme*. Sie befürchten,
– daß sie die Hände in den Schoß legen,
– daß sie sich auf ihren Lorbeeren ausruhen,
– daß sie selbstgefällig alle Arbeit an sich aufgeben,
– daß sie die Gnade der Annahme durch Christus verschleudern.
Wenn Christus uns annimmt, spricht er uns damit gerecht. Im Namen seines Vaters setzt er den Menschen mit allen Rechten, die dem Menschen zukommen, wieder ein. Es ist des Menschen angestammtes Recht, Gott nahe zu sein, innig mit ihm verbunden zu sein, teilzuhaben an der göttlichen Lebensfülle.

Annahme bedeutet Frieden mit Gott, und Friede mit Gott bedeutet im Neuen Testament: Gemeinschaft, Berührung mit Gott, Leben in und aus Gott. Da fehlt das Hände-in-den-Schoß-Legen. Vom Ausweichen, Faulheit und Selbstzufriedenheit ist keine Rede. Der Mensch liebt, weil er sich geliebt fühlt. Aber er strampelt sich nicht wie ein Verzweifelter ab, der keinen Boden unter den Füßen hat und dessen Wert in der Luft hängt. Die Beziehung Gottes zu den Menschen, seine Annahme, kann ein Bild sein für die Annahme des einen Ehepartners durch den anderen. Wer seinem Partner *vertraut* und sich bejaht fühlt, wer als Partner *glaubt*, daß er ernst genommen wird, und wer als Ehegefährte glaubt, daß er geliebt und gemocht wird, kann Liebe geben und sieht seinen Wert nicht in Frage gestellt. Die Beziehung ist harmonisch, weil beide Partner sich achten und sich selbst akzeptieren.

Was Annahme für den Christen bedeutet, hat der leitende Bischof der Evangelischen Kirche in Deutschland, Helmut *Claß*, in einer Meditation über Weihnachten geschrieben:

„Der Mensch wird zum Menschen nicht durch seine Geburt, auch nicht durch seinen Wohlstand. Der Mensch braucht zu seiner Menschwerdung die persönliche Zuwendung eines anderen. ‚Ich werde, weil du mit mir sprichst.‘ Ohne ein annehmendes ‚Du‘ kann ein Mensch sein Menschsein nicht verwirklichen... Gott wird Mensch, um den Menschen anzunehmen. Annahme – das ist nicht gönnerhafte Herablassung. Gott begnügt sich nicht mit einem Trost von oben. Er nimmt vorbehaltlos teil an unserem Leben... denn anders gibt es keine Selbstverwirklichung des Menschen. Der Mensch kommt nur über Gott zu sich selbst, und er kommt nur über Gott zum anderen. Es besteht eine einmalige Wechselbeziehung: Menschen, die Gott nicht mehr sehen, übersehen auch bald den Mitmenschen. Wer sich von Gott nicht annehmen läßt, wird letztlich auch den Menschen nicht annehmen können."[7]

c) *Wir müssen Beiträge leisten*

Ehe besteht aus Geben *und* Nehmen. Eine gute Partnerschaft ist niemals die Glanzleistung eines Ehegatten. Aus Erfahrung möchte ich sagen, daß viele Eheleute der irrigen Meinung sind, *der andere* muß sich viel mehr bemühen. Sie sind enttäuscht über die mangelnden Beiträge ihres Lebensgefährten, fühlen sich betrogen und kritisieren. Sie leben in einer ständigen überspannten Erwartungshaltung.

„An diesem Wochenende soll er ganz für mich dasein. Er soll sich mal was einfallen lassen, wie er uns glücklich macht!"

„*Du* bist überhaupt nicht lieb und aufmerksam. Du interessierst dich gar nicht, was mit mir ist und was ich den Tag über getan habe!"

„*Du* interessierst dich überhaupt nicht für die Kinder. Sie warten auf dich, wenn du nach Hause kommst. Du hast ihnen nichts zu bieten!"

Alles Vorwürfe, alles Erwartungen, alles Vorhaltungen. Der eine ist passiv, *der andere* soll aktiv werden. Das Miteinander fehlt. Die Kooperation kann nicht gelingen, weil ein Aufeinanderzugehen fehlt. Von *beiden* Seiten muß Initiative kommen. Das hat die Frau von Karl *Menninger*, einem weltbekannten amerikanischen Psychiater, verstanden, als sie über ihre Ehe schrieb:

„Viele Ehefrauen (und ich habe zu ihnen gehört) erwarten von ihrem Mann, wenn er abends müde nach Hause kommt, daß er sie für die Eintönigkeit ihres Tagesablaufs entschädigt; sie verlangen, daß er geistreich und weise, daß er Tröster und Ratgeber in einer Person ist. ‚Das bist du mir schuldig‘, scheinen sie zu sagen, wo sie doch fragen sollten: ‚Was kann ich selbst beitragen, daß unser Gespräch möglichst erfreulich wird?‘ ... Aber das eigentliche Problem lag nicht darin, daß ich seine Frau war, sondern was für eine Frau ich geworden war – nämlich eine, die sich darauf verließ, daß der Mann ihr die Außenwelt ins Haus brachte. Mit der Zeit wurde mir klar, daß ich, wenn ich Partner sein wollte statt Parasit, mich draußen umschauen und einiges von der Welt hereinholen mußte. Versuchen Sie sich also aktiv am Leben der Gemeinde zu beteiligen. Halten Sie sich über die Geschehnisse im In- und Ausland auf dem laufenden. Erweitern Sie Ihren Interessenkreis, dann haben Sie selbst etwas zu erzählen!"[8]

d) Vertrauen nicht enttäuschen!

Vertrauen kann man nicht stricken, wie man einen Pullover strickt. Vertrauen wächst. Vertrauen ist ein sensibles Pflänzchen, das keine großen Erschütterungen verträgt. Leider gibt es viele Wege, Vertrauen zu blockieren. Und es gibt viele Wege, Vertrauen zu *schenken*. Auch für das Vertrauen gilt der Satz: Wer nicht wagt, der nicht gewinnt.

In vielen Ehen gibt es Frauen, die sich darüber ärgern, daß ihre Männer ihnen nichts erzählen. Könnte es ein, daß der betreffende Mann seine Gründe hat? Kann es sein, daß Frauen so geschwätzig sind – es gibt selbstverständlich auch geschwätzige Männer –, die alles weitererzählen, und daher die Männer den *beruflichen* Bereich völlig aus der Familie heraushalten?

Kann es sein, daß die Frauen nicht in der Lage sind, *aktive Zuhörer*, einfühlend und teilnehmend auf das einzugehen, was der Partner aus der Firma in die Zweisamkeit trägt? Kann es sein, daß die Ehefrau gleich mit Besserwisserei und Kritik parat steht und dem Partner die Lust vermiest, über seine Gefühle und Kümmernisse in der Firma zu sprechen?

Als Berater habe ich die Erfahrung gemacht, daß die schizoide Persönlichkeit besonders zu Mißtrauen neigt. Der schizoide Mann, der vieles in sich hineinfrißt und allein verarbeitet, kann oft bitter enttäuscht sein, wenn Berufliches oder auch Alltäglichkeiten von seiner Partnerin auf Partys und wenn Besuch da ist arglos ausgeplaudert wird. Der schizoide Partner will gewonnen werden. Zur Liebe gehört es, diesen sensiblen Zug ernst zu nehmen. Viele Schneckenhaus-Ehemänner sind von ihren Partnerinnen erst recht in ihre Introversion getrieben worden.

Der Partner muß sich rückhaltlos auf seine Ehehälfte verlassen können. Viele Entscheidungen sind zu fällen, die oft sorgfältig bedacht und gründlich vorüberlegt sein wollen. Ein Mann, der rückhaltlos alles ansprechen kann, der ein gutes Ohr findet, das kritisch mithört und einfühlend mitdenkt, wird ins Vertrauen gezogen. Mißtrauen ist der Rost jeglicher Zweierbeziehung. Er zerfrißt über Nacht die Harmonie, und die Folgen sind auf allen Gebieten – speziell auch im sexuellen Bereich – zu spüren. Vertrauen ist der Schlüssel zu jeder Partnerschaft. Vertrauen ist die Grundlage für ein harmonisches Miteinander.

Paul *Watzlawik* schildert ein Beispiel, wie Vertrauensbeziehungen zwischen Mensch und Tier hergestellt werden können. Obwohl es unter Umständen „persönliche" Rituale sein können, die speziell zwei Delphine entwickelten, kann das Beispiel auch für die menschliche Kommunikation von Bedeutung sein. Tiere in einem Delphinarium hatten offensichtlich erkannt, daß die Hand des Menschen der wichtigste und verletzbarste Teil des menschlichen Körpers ist. Wenn ein Fremder an ihr Schwimmbecken kam und sich an die Brüstung setzte, versuchten sie, seine Hand ins Maul zu nehmen und sie sanft zwischen ihren Kiefern zusammenzupressen. Die Zähne der Delphine sind so scharf, daß sie auch die Hand hätten glatt abbeißen können. *Watzlawik* glaubt, daß die Tiere dem Menschen signalisieren wollten: ‚Ich könnte, aber ich will dich nicht verletzen.' Hatte sich aber ein Mensch diesem Biß unterzogen, schien der Delphin dies als Mitteilung vollkommenen Vertrauens in ihn zu betrachten, denn sein nächstes Verhalten bestand darin, seine verletzbarste Stelle (deren Lage ungefähr der der menschlichen Kehle entspricht) auf die Hand, den Fuß oder das Bein des Menschen zu legen und damit gleichsam sein Vertrauen in dessen freundliche Absichten auszudrücken."[9]

Vertrauen will geschenkt werden. Vertrauen muß ausprobiert werden. Über Vertrauen unter Eheleuten zu diskutieren führt zu nichts. Diskussion würde – im wahrsten Sinne des Wortes – das Vertrauen *zer-reden*.

e) Streiten mit Köpfchen!

Streiten kommt in den besten Familien vor. Streit kommt auch in christlichen Ehen vor. Ziele und Ursachen des Streites sind sehr unterschiedlich. Aber für das Streitgeschehen können einige Tips hilfreich sein.

– Eine Denkpause einlegen!
In der Politik und in diplomatischen Geschäften gibt es oft Situationen, wo sich die Verhandlungen festgefahren haben. Auch die eheliche Auseinandersetzung kennt Punkte, da geht es nicht mehr vorwärts und nicht mehr rückwärts. Würden jetzt die Argumente mit Vehemenz verteidigt, stürzten sich beide in den schönsten Machtkampf hinein. Im Klima der Wut und Gereiztheit haben Sachlichkeit und gute Argumente kaum noch eine Chance. Jeder wittert hinter jedem eine böse Absicht. Eine *Denkpause* schafft Abhilfe. Eine Abkühlpause schafft Abregung.

– Schlag den Esel und nicht den Sack!
Es gibt ein schönes Sprichwort, das heißt: „Du schlägst den Sack und nicht den Esel." Mit anderen Worten: Die Wut wird verlagert. In der Psychoanalyse sprechen wir von *Verschiebung*. Die

118

Aggression wird an falscher Stelle abgelassen. Im Zorn wendet man sich gern an die falsche Adresse. Und wer sich über seinen Chef ärgert, sollte nicht seine Frau zum Sündenbock machen. Und wer Ärger mit seinem Mann hat, sollte nicht seinem Hund einen Tritt geben. Auch Kinder sind nicht selten die Opfer solcher aggressiven Verschiebungen. „Sie" baden aus, was Eheleute unter sich ausmachen sollten. Sie leiden und wissen nicht, warum. Diese falschen Botschaften, die ungewollt von Ehepartnern bzw. Eltern gesendet werden, können die zwischenmenschlichen Beziehungen erheblich stören.

– Streiten Sie über das, was Sie *wirklich* meinen!
Es ist hochinteressant, in der Beratung zu beobachten, wie Eheleute über Dinge Auseinandersetzungen führen, die mit der *eigentlichen* Sache nichts mehr zu tun haben.

Da fährt ein Mann mit seiner Frau im Auto. Die Frau steuert das Fahrzeug und wird pausenlos kritisiert. Sie fährt zu langsam oder zu schnell, zu ruckartig oder zu nah hinter einem Fahrzeug. Sie „schaltet wie der letzte Mensch", und es ist eine Strafe – wie er verlauten läßt –, mit ihr fahren zu müssen. Die Frau wird immer unsicherer, schließlich kommen ihr die Tränen, sie fährt rechts ran und kann nicht mehr.

In Wirklichkeit ist er *sexuell* mit seiner Frau unzufrieden. Seit 8 Wochen tat sich zwischen ihnen nichts. Er hat zwischendurch gelästert, heute hat sich sein Ärger verdichtet, und „er hackt auf ihr herum". Wenn Eheleute sich streiten, sollten sie sehr genau ihre *wahren* Gefühle erforschen, um den wirklichen Anlaß aufzuspüren. Es gehört Mut und Offenheit dazu, nicht mit „gezinkten" Karten zu spielen, nicht mit verdeckten Argumenten zu kämpfen.

– Kein Griff in die Mottenkiste!
Es gibt Eheleute, die mit einem einzigartigen Gedächtnis begabt sind. Ein gutes Gedächtnis ist ein gutes Geschenk des Schöpfers. Wenn aber das Gedächtnis *benutzt* wird, um vergangene „Untaten" aus der Mottenkiste zu kramen, wird das Geschenk zur Last. Mit Punkt und Komma, mit Datum und Uhrzeit werden die Schandtaten der Vergangenheit ans Licht gezerrt und mit Leben gefüllt. Fein säuberlich werden sie gespeichert, und zur rechten Zeit sind sie dann bei der Hand. Die Probleme werden nicht

aufgegriffen, wenn sie anstehen. Sie werden weggetan oder geschluckt. Aber sie sind nicht fort, sie werden in der Mottenkiste aufbewahrt, um bei Gelegenheit wie „der Knüppel aus dem Sack" auf den Partner gedroschen zu werden. Plötzlich werden „alte Rechnungen" beglichen. Eine Kiste mit vergangenen und erledigten Begebenheiten wird fein säuberlich ausgepackt.

Solches Verhalten schafft ein Klima generellen Mißtrauens. Nie weiß der Partner, wie er dran ist. Gefühle der Unzufriedenheit werden gespeichert und kultiviert, bis die Zeit reif ist und die Abrechnung lohnt. Ein böses Spiel und ein unfruchtbares Verhaltensmuster.

f) Die Anti-Ärger-Strategie

Viele Ehepartner verstehen es, Ärger, der hier und da nicht zu vermeiden ist, mit allen Mitteln zu verstärken. Wenn ein Partner das Problem abwiegeln möchte, wird der andere erst recht ärgerlich. Sie sagt: „Warum ärgerst du dich denn, das sind doch Kleinigkeiten! Ich habe es nicht so gemeint, vergiß es doch!"

Er: „Ich will es aber nicht vergessen. Außerdem sind es keine Kleinigkeiten und überhaupt, ich will mich ärgern!"

Sie gießt noch ein bißchen Öl ins Feuer, und er verbrennt dieses Öl um so leidenschaftlicher.

Wut und Ärger sind Verhaltensmuster, für die sich die Partner Entschuldigungen bereitlegen. Jeder kennt seine speziellen Ausreden.

„Ich bin nun mal so, ich kann nicht aus meiner Haut. Schon mein Vater hat gesagt, daß ich ein Choleriker sei."

„Wenn ich den Ärger nicht hinausschreie, setzt er sich bei mir im Magen fest. Ich reagiere mit Magen- und Darmstörungen."

„Ein richtiger Mann muß auch einmal ärgerlich werden!"

„Ich habe eine jähzornige Komponente. Das habe ich vom Großvater geerbt."

„Das darf ich mir einfach nicht bieten lassen, sonst tanzt mir meine Frau auf der Nase herum."

„Wenn ich als Ehefrau nicht meinen Ärger leidenschaftlich und laut äußere, hört mein Mann gar nicht zu. Der glaubt ja, er hätte ein Lamm zur Frau!"

Ehepartner, die sich wie wildgewordene Kinder benehmen und sich anschreien und ihren Ärger mit geballten Fäusten, hysterischen Gesten und motorischem Arm- und Beinspiel dokumentieren, wollen beeindrucken, wollen imponieren, wollen gehört werden, wollen sich durchsetzen, wollen ihre Macht ausspielen und dem geliebten Partner zeigen, was die Uhr geschlagen hat. Im Hintergrund stehen Angst und Ohnmacht.

- Angst, nicht ernst genommen zu werden,
- Angst, übersehen zu werden,
- Angst, versklavt zu werden,
- Angst, an die Wand gespielt zu werden,
- Ohnmacht, eingeschränkt zu werden,
- Ohnmacht, unterdrückt zu werden.

Angst ist der Glaube, daß etwas mißlingt. Angst ist der Glaube, daß etwas Unangenehmes passiert. Angst ist Pessimismus. Sie untergräbt den Erfolg und eine fruchtbare Kooperation. Also müssen Verhaltensmuster her, die aus diesem Holz geschnitzt sind: Wut, Ärger und Jähzorn.

Ärger und Wut werden *zielgerichtet* eingesetzt. Sie werden zweckdienlich verwendet. Jeder der Beteiligten kann sich fragen: „Was willst du mit deiner Ärger-Demonstration erreichen?"

„Hast du es nötig, dem anderen zu zeigen, wie leidenschaftlich ärgerlich du sein kannst?"

„Glaubst du, nur durch lautstark vorgetragene Unzufriedenheit wirst du ihn nachhaltig beeindrucken?"

„Muß ich dem Partner meine Überlegenheit demonstrieren?"

„Will ich mich an ihm rächen, weil ich glaube, daß er mir schrecklich unrecht getan hat?"

Diese Gefühle und Gedanken kann der Ehepartner formulieren und zum Gespräch erheben. Plötzlich ist die Schwachheit verschwunden, die Ohnmachtsgefühle fallen von dem Partner ab.

Er kann ruhig und partnerschaftlich Unterlegenheitsgefühle, Unfreiheit, Minderwertigkeitsgefühle und Ohnmacht verbessern. Das ruhige Gespräch zeigt die Gleichwertigkeit der Eheleute. Sachlichkeit triumphiert, Ichhaftigkeit wird kleingeschrieben.

Ärger und Wut sind Durchsetzungstechniken, die wir selbst in uns produzieren und im zwischenmenschlichen Umgang einsetzen. Der Grad der körperlichen Erregung ist mit der Intensität unserer Absicht, etwas zu erreichen, koordiniert. Je mehr ich *demonstrieren* muß, desto lauter und unangenehmer ist die „ärgerliche Begleitmusik".

g) Das Heft selbst in die Hand nehmen!

Viele Ehepartner glauben, sie könnten nur auf die Initiative ihres Partners *reagieren*. Sie reden sich ihre Abhängigkeit selbst ein. Bei Licht besehen, haben sie sich selbst abhängig *gemacht*. Sie fühlen sich als kraftlose Marionetten ihres Ehepartners und glauben, nur noch die Bewegungen auszuführen, die der Herr und Gebieter von ihnen verlangt. Eines stimmt unwiderruflich: Wer sich als Marionette fühlt, handelt wie eine Marionette. Er hat das Heft des Handelns aus der Hand gegeben. Sie sagt: „Das verstehe ich nicht. Wie soll ich frei handeln können, wenn mein Partner überall den Ton angibt?"

Ich: „Zum Tonangeben gehören immer zwei. Einer, der den Ton angibt, und einer, der nach der Pfeife tanzt. Wenn Sie nicht tanzen, wird er aufhören, den Ton anzugeben. Sie bestimmen, was Sie tun wollen!"

Wer nur noch reagiert, läuft hinter dem anderen her. Aber das muß nicht sein. Wir sind für unsere Reaktionen selbst verantwortlich.

Wir bestimmen, was wir tun wollen,

wir nehmen uns vor, was wir antworten,

wir haben es in der Hand, wie wir parieren,

wir entscheiden, ob wir reagieren, und bestimmen selbstverant-
wortlich die nächsten Schritte.

Wer selbst das Heft in die Hand nimmt, erlebt sich freier und unabhängiger. Er muß nicht gleich in Opposition gehen und einen Machtkampf vom Zaun brechen. Er gewinnt mehr Selbstvertrauen, und er erlebt sich partnerschaftlicher und gleichwertiger.

Erik *Blumenthal*, ein erfahrener Psychotherapeut, schreibt zu diesem Punkt:

„Wenn wir lernen, weniger zu reagieren, aber mehr zu agieren, dann werden wir auch weniger impulsiv, d. h. uns zu unüberlegten gefühlsmäßigem Handeln hinreißen lassen, das auf unsere Umgebung meist negativ wirkt. Impulsivität, die meist falsch ist, z. B. bei der Kindererziehung oder in anderen Formen des Zusammenlebens, darf aber nicht mit der an sich richtigen Spontaneität verwechselt werden. Spontanes Handeln heißt aus eigenem Antrieb (also ohne äußeren Anlaß) handeln, weil wir uns dafür entscheiden, weil wir uns selber bestimmen. Spontaneität entspringt der inneren Freiheit, während Impulsivität ein Zeichen unserer Abhängigkeit ist."[10]

Wir haben über Typen gesprochen, die korrespondieren:
der Kämpfer und der Nachgiebige,
der Tyrann und der Sklave,
der Sadist und der Masochist,
der Jähzornige und der Schweigsame,
der Angeber und das Mauerblümchen.

Zum Kämpfen und Tyrannisieren gehören zwei. Einer muß mitkämpfen, einer muß sich tyrannisieren lassen. Was kann der schwächere Partner tun?

Er kann freundlich bleiben und fest. Er läßt sich das Gesetz des Handelns (des Kämpfens) nicht aufzwingen, er läßt sich zum Streit nicht herausfordern.

– Er muß die Meinung und den Streitpunkt nicht akzeptieren, er muß nicht dagegen sprechen. Er muß den anderen nicht überzeugen wollen. Er kann sagen, wie es in einer Formel der themenzentrierten interaktionellen Methode (nach Ruth *Cohn*) so schön heißt: „Ich danke dir, daß du mir das gesagt hast, ich werde mir die Sache überlegen, aber ich bin nicht bereit, deinen Vorstellungen entsprechen zu müssen!"

– Er wird das tun, was er für richtig hält. Er wird entscheiden, wie es ihm sachgerecht erscheint. Er antwortet – frei und möglichst unabhängig.

h) „Dir geschehe nach deinem Glauben"

Das ist ein bedeutsames Wort des Neuen Testamentes. Dem Menschen widerfährt, was er glaubt. Ist sein Glaube mit Fragezeichen durchsetzt, steht am Ende ein Fragezeichen. Eine Handvoll Jünger *glaubten* ihrem Herrn und veränderten die Welt. Wo der Glaube den Menschen in Bewegung setzt, wo der Glaube Tat wird, wo der Glaube *gelebt* wird, da geschieht etwas. Viele Menschen glauben und halten lediglich eine Sache für möglich. Der Glaube bleibt dann Theorie und Spekulation. Es geschieht nichts.

Eheleute haben ein Problem „angerissen", aber nicht in Arbeit genommen. Und das ist zweierlei. Denn wer ein Problem aufgreift, unternimmt Schritte. Das gilt für den christlichen Glauben und gilt für die Ehe. Ein Glaube, der nicht zur Tat wird, ist Unglaube.

Immer wieder erscheinen Eheleute in der Beratung, die Hilfe erwarten, aber die entscheidenden Schritte der Änderung hinauszögern. Sie sehen die Notwendigkeit der Änderung ein, aber sie *gehen* nicht.

„Es muß was geschehen, so geht es nicht weiter",

„im Prinzip kann die Beziehung so nicht weiterlaufen. Wir müssen einen Neuanfang wagen",

„uns ist klargeworden, daß wir eigentlich was tun müßten."

Es handelt sich um Sätze, die *theoretisch* richtig sind, aber keinen praktischen Bezug aufweisen. *Eigentlich* haben Mann und Frau erkannt, daß es so nicht weitergeht, *un*-eigentlich werden sie es lassen. Ihnen geschieht nach ihrem Glauben. Glaube ist mehr als ein theoretisches Für-wahr-Halten. Glaube ist Tat. In der Praxis der Eheberatung werden Lösungen bedacht und Alternativen erörtert. Neue Verhaltens- und Interaktionsmuster werden zum Gespräch erhoben und auf ihre Realisierung überprüft. Die persönliche Stellungnahme des einen Partners oder beider ist kennzeichnend für das, was danach geschieht. Der *Mißerfolg* einer gemeinsam erarbeiteten Lösung wird in der Regel so eingeleitet:

„Wir wollen es mal versuchen!"

Einer oder beide sind nur mit halbem Herzen dabei. Sie können sich die Lösung vorstellen, aber sind nicht davon überzeugt. Die Änderung wird nicht intensiv in Angriff genommen. Der Kurswechsel wird für möglich gehalten, aber nicht tatkräftig gelebt. In der Tat, dem Menschen geschieht nach seinem Glauben.

Der schlimmste Gegenspieler des Glaubens ist der Zweifel. Wer zweifelt, bleibt stehen, er zieht die Stirn kraus und macht Fragezeichen. Fragezeichen sind notwendig. Zweifel sind berechtigt. Aber sie sind falsch und hinderlich, wenn eindeutige Lösungen gefunden wurden. Und wie kommen die nachträglichen Zweifel zustande? Zweifel sind die Knüppel, die sich Menschen selbst zwischen die Beine werfen, um eine ernsthafte Kurskorrektur zu vermeiden. Zweifel sind Mittel zum Zweck, um sich vor tätiger Änderung zu drücken. Der Zweifel dient dem Aufbau von Hindernissen. So kann der Ratsuchende mit seinem Zweifel die gesamte Therapie torpedieren. Er leistet Widerstand, weil er zweifelt. Und er zweifelt, um der ärgerlichen Veränderung – die zweifellos weh tut – zu entgehen.

Vor kurzem erzählte mir eine Frau, die einen stark depressiven Ehepartner hat, daß er morgens gebetet hätte: „Herr, ich bin so resigniert und schlaff, gib mir die Kraft, aufstehen zu können."

Er hätte ihr abends versprochen, mit in die Beratung zu kommen. Heute reiche die Kraft nicht. Gott habe sein Gebet nicht erhört und ihm keinen neuen Auftrieb, keinen Antrieb und keine Kraftspritze für den Tag verliehen. Ich kann nur sagen: Das ist ein unverantwortliches Gebet. Diesem Mann geschieht nach seinem Glauben. Er hält theoretisch eine Hilfe für denkbar, er glaubt, daß Gott Wunder tun kann – nur nicht an ihm. Glaube ist Tat. Gott schenkt dem Menschen seinen Beistand, der sich auf ihn verläßt, der sich auf ihn einläßt. Hätte der Mann seine Beine aus dem Bett gestreckt und hätte sich im Vertrauen auf Gott angezogen, hätte Gott ihm seinen Beistand bezeugen können.

Alfred *Adler* kommentiert das Hin und Her des Zweifelns unmißverständlich, wenn er schreibt:

„Hier schließt sich unser Verständnis für die psychologische Struktur des Zweifelns an. Auch beim Zweifeln bestehen nicht etwa zwei verschiedene Ziele, sondern nur ein einziges: Stillstand. Die gleiche Überlegung gilt für alle sogenannten nervösen Symptome. Wie eine verschleierte Bremsvorrichtung greifen sie in die Bewegung des Fortschritts ein, lenken sie auf ein Nebengleis und hemmen die Erfüllung von oft selbst ausgesprochenen Forderungen."[11]

Ehepartner, die ihre schweren Probleme lösen, ernsthaft ihre Konflikte bereinigen wollen und intensiv eine harmonische Partnerschaft anstreben, werden *handeln.* Sie werden auf der zwischenmenschlichen Ebene *erfahren,* woran der Christ seit dem Tage der Bibel überzeugt ist: Dir geschehe nach deinem Glauben.

Anmerkungen

Ehekonstellation und Typologie

[1] Eric Berne, Spiele der Erwachsenen, rororo-Sachbuch, Hamburg 1970, S. 59f.

[2] Walter Toman, Familienkonstellationen, C. H. Beck, München ²1974, S. 34.

[3] A.a.O., S. 174f.

[4] A.a.O.

[5] A.a.O., S. 72.

[6] A.a.O., S. 102.

[7] A.a.O., S. 211f.

[8] Howard und Charlotte Clinebell, Ehe intim, Pfeiffer Verlag, München 1974, S. 59ff.

Die Machtkampfehe

[1] Heinz L. Ansbacher/Rowena R. Ansbacher, Alfred Adlers Individualpsychologie, Ernst Reinhardt Verlag, München/Basel 1972, S. 261.

[2] Josef Rattner, Miteinander leben lernen, Fischer Taschenbuch, Frankfurt a.M. 1976, S. 27.

[3] A.a.O., S. 124f.

[4] Siehe Anmerkung 1, S. 322f.

[5] Josef Rattner, Der schwierige Mensch, Fischer Taschenbuch, Frankfurt a.M. 1973, S. 114f.

[6] Siehe Anmerkung 1, S. 300.

[7] Albert Ellis, Die rational-emotive Therapie, Pfeiffer Verlag, München 1977, S. 115.

[8] Catherine W. Menninger, Wie man Ehemänner zum Reden bringt, in: Das Beste, 5/70, S. 146ff.

[9] Josef Pieper, Hinführung zu Thomas von Aquin, ²1963, S. 117ff.

Verheiratet mit einem fotografischen Gedächtnis

[1] Ansbacher und Ansbacher, a.a.O., S. 275.

[2] A.a.O. S.210.

Der Narzißt und sein Schmuckstück

[1] Fritz Künkel, Charakter, Liebe und Ehe, S. Hirzel Verlag, Stuttgart 1973 (³1943), S. 77f.

[2] Jürg Willi, Die Zweierbeziehung, Rowohlt Verlag, Hamburg ³1975, S. (&f.

[3] Josef Rattner, Neue Psychoanalyse und intensive Psychotherapie, rororo Verlag, Hamburg 1974, S. 157.

Verheiratet mit einer Logarithmentafel

[1] Rollo May, Der verdrängte Eros, Wegener Verlag, Hamburg 1970, S. 298f.

[2] A.a.O., S 315.

[3] Fritz Riemann, Grundformen der Angst, Ernst Reinhardt Verlag, München/Basel ¹¹1975, S. 29.

[4] Friedrich Kluge, Etymologisches Wörterbuch der deutschen Sprache, Walter De Gruyter und Co., Berlin 1957, S. 156.

Der Kopftyp und der Herztyp

[1] Theodor Bovet, Ehekunde – Allgemeiner Teil, Katzmann Verlag, Tübingen
[2]1963, S. 29 ff.
[2] A.a.O., S. 30.
[3] 1. Kor. 12.

Wenn der Ehepartner an die Kette gelegt wird

[1] Hans G. Preuß, Ehepaartherapie, Kindler Verlag, München 1973.
[2] A.a.O., S. 38 ff.
[3] A.a.O., S. 21.
[4] Josef Rattner, Psychosomatische Medizin heute, Fischer Taschenbuch, Frankfurt
a. M. 1977 (1964), S. 121.
[5] A.a.O., 20 ff.
[6] Alfred Adler, Der Sinn des Lebens, Fischer Taschenbuch, Frankfurt a. M. 1973,
S. 104 f.

Die partnerschaftliche Ehe

[1] Das Hohelied Salomos 6/3.
[2] Helmut Gollwitzer, Das hohe Lied der Liebe, Kaiser Traktate, München 1978,
S. 34.
[3] Das Hohelied Salomos 1/2.
[4] „Stern", 22/78.
[5] A.a.O.
[6] A.a.O., S. 38.
[7] Bandaufnahme einer Ansprache beim Jahrestreffen der amerikanischen Gesellschaft für Ehe- und Familienberatung und des Nationalrates für Familienbeziehungen 26. 10. 1974.
[8] Charlotte H. Clinebell, Befreite Partnerschaft, Pfeiffer Verlag, München 1975,
S. 88.

Tips, die das Eheklima verbessern helfen

[1] A.a.O., 27 f.
[2] A.a.O., S. 23.
[3] Theodor Bovet, Ehekunde, Spezieller Teil, Katzmann Verlag, Tübingen 1962,
S. 91.
[4] Jay E. Adams, Befreiende Seelsorge, Brunnen Verlag, Gießen 1972, S. 184 f.
[5] Erik Blumenthal, Wege zur inneren Freiheit – Praxis und Theorie der Selbsterziehung, Rex Verlag, München 1972, S. 66 f.
[6] Lucien Jerphagnon, An unerträglichen Tagen, Styria Verlag, Graz/Wien/Köln.
[7] Helmut Claß, in: Mensch unter Menschen, Hrsg. Ingeborg Kiefel, Kiefel Verlag,
Wuppertal 1977, S. 1 ff.
[8] A.a.O.
[9] Paul Watzlawick/James H. Beavin/Don D. Jackson, Menschliche Kommunikation, Hans Huber Verlag, Bern/Stuttgart/Wien [4]1974, S. 100 f.
[10] Erik Blumenthal, Verstehen und verstanden werden, Rex Verlag, München/
Luzern 1977, S. 41.
[11] Alfred Adler, in: Internationale Zeitschrift für Individualpsychologie, 1923, S. 3.

Stichwortverzeichnis